中国工程院院士

是国家设立的工程科学技术方面的最高学术称号，为终身荣誉。

中国工程院院士传记

顾心怿传

沈顺万 周洪成 著

中国石化出版社
人民出版社

图书在版编目(CIP)数据

顾心怿传 / 沈顺万，周洪成著 .—北京：中国石化出版社，2022. 5(2025. 7 重印)
(中国工程院院士传记)
ISBN 978-7-5114-6673-0

Ⅰ. ①顾… Ⅱ. ①沈… ②周… Ⅲ. ①顾心怿-事迹 Ⅳ. ①K826. 16

中国版本图书馆 CIP 数据核字(2022)第 068233 号

中国石化出版社出版发行
地址:北京市东城区安定门外大街 58 号
邮编:100011 电话:(010)57512500
发行部电话:(010)57512575
http://www. sinopec-press. com
E-mail:press@ sinopec. com
北京科信印刷有限公司印刷
全国各地新华书店经销
*
710 毫米×1000 毫米 16 开本 8 彩页 11. 25 印张 125 千字
2022 年 7 月第 1 版　2025 年 7 月第 2 次印刷
定价:68. 00 元

▶ 顾心怿幼年与母亲的合影

▲ 顾心怿在中华职业学校毕业时的留影

▲ 顾心怿在俄语专修班学习期间的留影

▲20 世纪 60 年代，顾心怿与钻井队“青年突击队”队员的合影

▲1969 年，顾心怿（左二）与国外专家进行钻井取芯技术交流，此为当时的合影

▶ 顾心怿（前排左二）和曾共同参加石油会战的老同志一起在华八井纪念碑前合影

◀“胜利一号”建成后，首次被拖船拖离烟台

▶ 1979 年，“胜利一号”在海上钻井时，顾心怿与平台负责人进行技术交流

◀1984 年，顾心怿（左一）赴日本开展技术考察时在前往东京湾的船上

▶“胜利二号”施工现场

◀1988 年，“胜利二号”一步步“走”向大海

▲ 1995 年，顾心怿在链条式抽油机试验现场

▲ 链条式抽油机在油田广泛推广应用

◀ 顾心怿在查阅资料

▶ 改进后的液压蓄能修井机

◀ 顾心怿在意大利开展联合项目技术考察

▶ 第一台液压蓄能修井机现场试验成功

◀ 参加政治协商会议期间，顾心怿在天安门前的留影

▲顾心怿陪同国外专家在埕岛油田考察

▲2000 年，顾心怿及家人的合影

▲ 2003 年，顾心怿与妻子李巧云在一起

▲ 顾心怿夫妇与李庆忠夫妇在成都

中国工程院院士传记丛书

总　序

20 世纪是中华民族千载难逢的伟大时代。千百万先烈前贤用鲜血和生命争得了百年巨变、民族复兴，推翻了帝制，肇始了共和，击败了外侮，建立了新中国，独立于世界，赢得了尊严，不再受辱。改革开放，经济腾飞，科教兴国，生产力大发展，告别了饥寒，实现了小康。工业化雷鸣电掣，现代化指日可待。巨潮洪流，不容阻抑。

忆百年前之清末，从慈禧太后到满朝文武开始感到科学技术的重要，办“洋务”，派留学，改教育。但时机瞬逝，清廷被辛亥革命推翻。五四运动，民情激昂，吁求“德、赛”升堂，民主治国，科教兴邦。接踵而来的，是 18 年内战、14 年抗日和 4 年解放战争。恃科学救国的青年学子，负笈留学或寒窗苦读，多数未遇机会，辜负了碧血丹心。

1928 年 6 月 9 日，蔡元培主持建立了中国近代第一个国立综合性科研机构——中央研究院，设理化实业研究所、地质研究所、社会科学研究所和观象台四个研究机构，标志着国家建制科研机构的诞生。20 年后，1948 年 3 月 26 日遴选出 81 位院士（理工 53 位，人文 28 位），几乎都是 20 世纪初留学海外、卓有成就的科学家。

中国科技事业的大发展是在新中国成立以后。1949 年 11 月 1

日成立了中国科学院，郭沫若任院长。1950—1960年有2500多名留学海外的科学家、工程师回到祖国，成为大规模发展中国科技事业的第一批领导骨干。国家按计划向苏联、东欧各国派遣1.8万各类科技人员留学，全都按期回国，成为建立科研和现代工业的骨干力量。高等学校从新中国成立初期的200所增加到600多所，年招生增至28万人。到21世纪初，高等学校2263所，年招生600多万人，科技人力总资源量超过5000万人，具有大学本科以上学历科技人才达1600万人，已接近最发达国家水平。

新中国成立60多年来，从一穷二白成长为科技大国。年产钢铁从1949年的15万吨增加到2011年的粗钢6.8亿吨、钢材8.8亿吨，几乎是8个最发达国家(G8)总年产量的2倍。20世纪50年代钢铁超英赶美的梦想终于成真。水泥年产20亿吨，超过全世界其他国家总产量。中国已是粮、棉、肉、蛋、水产、化肥等第一生产大国，保障了13亿多人口的食品和穿衣安全。制造业、土木、水利、电力、交通、运输、电子通讯、超级计算机等领域正迅速逼近世界前沿。“两弹一星”、高峡平湖、南水北调、高公高铁、航空航天等伟大工程的成功实施，无可争议地表明了中国科技事业的进步。

党的十一届三中全会以后，实行改革开放，全国工作转向以经济建设为中心。加速实现工业化是当务之急。大规模社会性基础建设，大科学工程、国防工程等是工业化社会的命脉，是数十年、上百年才能完成的任务。中国科学院张光斗、王大珩、师昌绪、张维、侯祥麟、罗沛霖等学部委员(院士)认为，为了顺利完成中华民族这项历史性任务，必须提高工程科学的地位，加速培养更多的工程科技人才。中国科学院原设的技术科学部已不能满足工程科学发展的时代需要。他们于1992年致书党中央、国务院，建议建立“中国工程科学技术院”，选举那些在工程科学中做出重大的、创造性成就和贡献、热爱祖国、学风正派的科学家和工程师为院士，授予终身荣誉，赋予科研和建设任务，请他们指导学科发展，培养人才，对国家重大工程科学问题提出咨询建议。中央接受了他们的建议，于1993年决定建立中国工程院，聘请30名中国科学院院士和遴选66名院士共96名为中国工程院首批院士。于1994年6月3日，召开了中国工程院成立大会，选举朱光亚院士为首任院长。中国工程院成立后，全体院士紧密团结全国工程科技界共同奋斗，在各条战线上都发挥了重要作用，做出了新的贡献。

中国的现代科技事业比欧美落后了200年。虽然在20世纪有了巨大进步，但与发达国家相比，还有较大差距。祖国的工业化、现代化建设，任重道远，还需要有数代人的持续奋斗才能完成。况且，世界在进步，科学无止境，社会无终态。欲把中国建设成科技强国，屹立于世界，必须持续培养造就数代以千万计的优秀科学家和工程师，服膺接力，担当使命，开拓创新，更立新功。

中国工程院决定组织出版“中国工程院院士传记”丛书，以记录他们对祖国和社会的丰功伟绩，传承他们治学为人的高尚品德、开拓创新的科学精神。他们是科技战线的功臣，民族振兴的脊梁。我们相信，这套传记的出版，能为史书增添新章，成为史乘中宝贵的科学财富，俾后人传承前贤筚路蓝缕的创业勇气、魄力和为国家、人民舍身奋斗的奉献精神。这就是中国前进的路。

宋健

2012年6月

目　　录

引子

上海，这座海纳百川的国际化大都市，素有东方明珠之称。独特的区域优势和所汇聚的各领域精英，让这座东方明珠熠熠生辉。

2018年10月26日，上海中华职业学校体育馆内，传出一阵阵欢声笑语。在这里，许多满头华发、阔别多年的老友相聚在一起，大家兴致高涨，彼此一见面，就相互握手寒暄，相谈甚欢。许多同学毕业后，天各一方未能相见，再见时已物是人非，风华不存。这次见面，他们高兴地在一起紧紧拉着对方的手，依稀辨认着同窗当年的模样，望着白发苍苍的对方，不胜唏嘘，禁不住热泪盈眶……

在家庭中，这些老人都已成为祖父或祖母，有的还成为了曾祖父或曾祖母；在社会中，他们都为国家做出了不可磨灭的贡献。他们当中许多人都成长为人中龙凤、科技翘楚。这一天，这些来自祖国天南海北的当年的学子相聚到一起，共同为他们的百年母校庆生。

上海中华职业学校作为主办方，也做了精心的筹划和准备，即将在这里隆重举行“纪念中华职业学校建校一百周年”活动。学校敞开热情的怀抱，迎接来自祖国四面八方的校友，共同庆祝她的百年华诞。

这一天，中国工程院院士顾心怿难以抑制激动的心情，专程从山东东营风尘仆仆赶到上海，前来参加这次盛大的校庆，他为能见到分别多年的老同学而兴奋不已。一踏进上海，他心里非常清楚，自己的童年和少年时代，每一步的成长、每一次酸甜苦辣都与这座城市息息相关、命运相连，他太熟悉这座城市了。

顾心怿穿着整洁的夹克衫，举手投足依然是那样儒雅而俊朗。红光满面的他，神情显得轻松而惬意，精神也格外矍铄。校方已专门提前安排他作为学生代表发言，他在家中认真做了准备。

上午九时许，大会轮到顾心怿发言时，只见他健步走向主席台，抬头望着面前一张张久违而熟悉的面孔，掩饰不住内心的激动。

顾心怿饱含深情地对大家说："尊敬的老师和亲爱的同学们，中华职业学校是我们的母校，我在母校读的是石油机械专业，我要在这里感谢母校对我们的精心培养和关爱！"

面对历经百年沧桑巨变的学校，顾心怿思绪万千。他停顿了一会儿，继续动情地说道："尤其母校在对学生帮助和教育的过程中，首先是在我们为人做事方面给予了启迪和教化，令我受益终身。青少年时期是人一生中最重要的开蒙时期，同样也是人生观逐渐形成的关键时期。母校教育我们要热爱祖国、热爱劳动，要为人正派、自信自强、求实创新……为我们塑造了世界观，使我们树立了正确的人生方向和奋斗目标。学校的校训和格言'双手万能''敬业乐群''手脑并用''做好国民，对得起国家民族'等，成为我们一生的行为准则。我庆幸自己走向社会后一直践行校训，扎根油田，持续创新，无怨无悔……"

顾心怿动情地回忆起过去的峥嵘岁月时，往事仿佛历历在目。会场安静地让人似乎忘记了时间的流动。他用略带上海口音的普通话，简短朴实、情真意切地向大家发出肺腑之言。话音未落，他就赢得了同学们长时间的热烈掌声。

这掌声，既包含着久别重逢的同学们殷切的祝福和期冀，又包含着他们对老同学精彩发言的赞许与肯定。这些奋斗在祖国不同行业和岗位的老人，不仅见证了祖国日新月异的发展和变化，还为建设强大的新中国，奉献了自己毕生的才能和智慧。正因为真实体验过那段刻骨铭心的历史岁月，他们才愈发忠诚于自己的事业，才会对自己的祖国披肝沥胆，一往情深，才能唤醒深埋在心底的火山，重新照亮新的科技征程。

在全国900余位中国工程院院士中，顾心怿仅拥有普通的大专学历，头顶没有名牌院校的金色光环，但多年以来，他凭借自己执着的学习和探索精神，成长为唯一一位至今仍然工作在胜利油田的院士。他还曾当选第九届、第十届全国政协委员，被评为全国劳动模范，曾获得全国“五一”劳动奖章、全国十大科技成就奖等荣誉和奖项。在长期的石油矿场机械设备设计研发创新工作中，一名学历并不太高、天资并不聪慧过人、家庭背景并不显赫的普通技术人员，却能凭着自己超人的毅力，创造出让世人刮目相看的技术成就，这不能不说是一个奇迹。顾心怿也因此被中国香港《大公报》的记者风趣地称为“草根院士”。

顾心怿曾对人说，他非常喜欢“草根院士”这个称呼，亲切、温暖、接地气。他说自己本身就出身一介布衣，经历过苦难的旧社会，体验过动荡的战乱年代，品尝过新中国的胜利果实，遭遇过“文化大革命”的排挤，真切感受过改革开放带来的翻天覆地的变化……

顾心怿作为一位在中国石油科技战线，奉献了一辈子的技术人才，一位拥有数项国家级发明的油田资深技术专家，他不离不弃地与胜利油田同成长、共命运。他既是胜利油田发现的见证者和参与者，也是石油工业科技建设中的创造者。

从1956年华北地区第一口初期探井（华一井）开始，顾心怿伴随着胜利油田从发现、勘探、开发及建设的发展轨迹，一步一个脚印，历经千难万险，一路创造了一个又一个科技“第一”，几乎每隔十年，他就会在油田创造一个令人瞩目的科技奇迹。

1961年，在胜利油田发现井（华八井）上，顾心怿第一次研制出大直径取芯工具，取出了胜利油田第一筒大直径岩芯，一举成为胜利油田技术革新史上的“第一人”。

1973年，他发明研制了世界上第一台链条式抽油机。1978年，这项成果获得了全国科学大会奖；1980年，该成果又获国家发明奖二等奖。链条式抽油机在后来得到广泛应用，效益十分显著。

1978年，由他带领创制的我国第一座浅海坐底式钻井平台——“胜利一号”建成下水，并在后来荣获国家科技进步奖三等奖。

1988年，他发明设计建成的第一座步行式钻井平台——“胜利二号”成功下水，并在后来荣获中国专利奖金奖、国家发明奖二等奖，被评为1992年中国十大科技成就之一。

他于1995年发明的液压蓄能修井机先后获得中国、美国、加拿大专利，以及中国石油天然气总公司十大科技成就奖、中国专利奖金奖，为我国石油事业做出了重要贡献。

2007年，他发明的长环形齿条抽油机获得山东省技术发明奖二等奖，并被鉴定为“原理结构属国际首创，技术水平在长冲程抽油机领域属国际领先”。

作为胜利油田第一批技术人员之一，他参加了胜利油田早期勘探发现、石油会战、油田建设的全过程。作为一名科研人员，学习与创造贯穿了他的一生。他通过长期刻苦学习和攻关，在科技领域做出了突出的贡献，在胜利油田乃至全国石油界都享有很高的威望。

顾心怿扎根于胜利油田生产和科研最前沿的岗位，在石油矿场机械设备的设计发明和创新研制工作中积累了丰富而宝贵的现场经验，针对油田生产建设中存在的一些重大技术难题，刻苦钻研，勇于进取，开创性地完成了多项技术发明与创新，取得了显著的社会效益和经济效益，为中国东部油田持续稳定发展做出了卓越的贡献。

第一章

生逢乱世

1937年，是上海多灾多难的一年。这个昔日繁华而喧嚣的大都市，那一年却成为中国军队与日本侵略军殊死较量的战场。

这一年初始的元月23日，正值春节逐渐临近的日子，上海南市区的一条小里弄里，一户人家传来孩子响亮的啼哭声——三泰米行店员顾镜诗的家中出生了一个白胖的男孩，取名顾心怿。

新年得子，双喜临门。这对于一个家庭，本该是一件值得庆贺的大事，而顾镜诗却无论如何也高兴不起来——乱世之年，物资匮乏，添丁如添嘴。家中日子本就过得捉襟见肘，顾镜诗只能咬牙辛苦打拼，努力劳作，靠自己微薄的收入支撑家用，养家糊口。

顾心怿常听家中老人讲，顾家的祖上是从浙江省移民到江苏省嘉定县，原来祖父一辈家境还算殷实。后来因祖父身染陋习，吸食鸦片，导致家境逐渐败落下来，最后落得家徒四壁的境地。

家族的兴衰荣辱让顾镜诗过早地品尝了命运的艰辛，为了分担家中的负担，在大哥的一位朋友介绍下，只上过几年私塾的顾镜诗，便匆匆告别了三个哥哥，背上行囊，孤身一人来到上海，在三泰米行做学徒。

民国时期跟人做学徒，老板不给发薪水，只管吃管住，学徒期满才有微薄的收入。顾镜诗生性聪慧，勤奋好学，每天起早贪黑跟着账房先生忙里忙外。乡下来的孩子，懂事、肯吃苦，账房先生很快就喜欢上这个手脚麻利的小伙子，经常指导他学习打算盘、练书法。加之顾镜诗平日为人热情、做事踏实、品行端正，因而在米行的店员中有着不错的口碑。米行老板也十分欣赏这位小伙子，经常私下里点拨他，使他的业务能力得到很快提高。几年后，顾镜诗被晋升为米行的账房先生。

成为账房先生后，顾镜诗的薪酬有所提高，生活渐渐有了起色。但是妻子钱汝华在小学教书，收入不高，加之顾镜诗每月还要向老家寄钱赡养母亲，因此家中仍只能维持基本生计。

由于顾镜诗平日里工作十分忙碌，妻子钱汝华在学校教书，每周课程安排得也很紧凑，顾心怿出生后，夫妻二人几乎没有多少时间照顾孩子，不得不请来钱汝华的父亲帮忙照料顾心怿。

顾心怿的外公钱猶桐，曾是清朝末代秀才。他年轻时便略通中医，思想开明，曾是嘉定安亭一带家喻户晓的儒生，有学识而不迂腐。在当地，他曾率先不让自己的闺女缠脚，并主动送女儿钱汝华去女子学校念书，这在那个年代的普通家庭中是十分鲜见的。

生活中，钱猶桐外貌斯文，性格却达观豪爽，乐于积德行善，慷慨助人。在上海照看顾心怿期间，街坊邻居家中有人生病时，都愿意请他帮忙诊治。每当别人有求于自己，钱猶桐总是二话不说，有求必应。把脉就诊，问医拿药，不厌其烦，而且分文不取。因此，钱猶桐在邻居中颇受尊敬。

对于顾心怿，钱猶桐更是疼爱有加，视他为心肝宝贝，平时十分呵护。小时候的顾心怿，是外公的“小尾巴”。外公离开一小会儿，他便开始四处找寻，缠着外公给他讲故事。

有钱人家虽然家里可以听收音机，但在顾心怿记忆中，却不如身处贫寒家庭的他听外公面对面讲故事来得生动。即使当下没听明白，还可以立刻向外公提出疑问，双方互动一番，场面十分热闹。印象中，外公总是微微眯着眼睛，摇头晃脑地讲，顾心怿则趴在外公的膝盖上，听得如痴如醉，时常连吃饭的时间都忘记了。

最令顾心怿记忆犹新的，是外公讲的《岳飞传》。在那个特殊的时期，钱猶桐向外孙讲这样的故事，其用意再明显不过了——国难当头，匹夫有责，好男儿只有常怀报国之志，才能不当亡国奴。尽管彼时顾心怿年龄尚小，无法全然理解外公的用意，但有血性的老人还是在他幼小的心灵中埋下了一颗爱国的种子。

在学龄前的生活里，听故事成为顾心怿眼中，亲人给予的最高精神嘉奖。这些故事不但使他开阔了视野，更在潜移默化中，教会了他许多人生道理。

童年的故事不曾停歇，战火也愈演愈烈。大上海昔日歌舞升平的景象，已被隆隆的炮声所取代，兵荒马乱的岁月，让这座繁华的都市恍然之间变得支离破碎。

深秋的一天，钱猶桐准备乘公交车去办事。在他收拾完包裹正准备出门时，没想到小外孙顾心怿哭闹着要跟着一起去，否则就不让外公出门。钱猶桐看孩子不听话，就训斥了几句，不顾顾心怿的阻拦执意出了门。可顾心怿一直撵到公交车站牌下，哭闹着要随外公一起上车。钱猶桐被孩子闹得实在没有办法，只好取消了这次外出计划。

然而，就在这天傍晚，街上忽然炸开锅似地传来一个消息——有人看见一辆开往百货大楼的公交车被日军飞机误炸了，而这恰巧是钱猶桐准备乘坐的那辆公交车。人们交头接耳，议论纷纷，描绘着当时车里乘客的惨状。虽然当时上海经常有流血和死亡的事件发生，但当钱猶桐听到这则消息时，还是惊出了一身冷汗。他不敢想象，假如自己真的乘坐了那辆公交，会发生什么后果。太侥幸了！顾心怿俨然成了拯救外公的“福星”，钱猶桐从此愈发疼爱这个小外孙了。

上海南市区在当时是战争的重灾区，这里经常有枪炮声轰隆作响，许多高大建筑被日军飞机炸毁，满目疮痍，街道上污渍横流，随处可见四方溃散的难民。为了有一个相对安全的生存环境，这期间，顾镜诗带领全家东躲西藏，从南市区搬到长寿路、马当路；后又迁回到南市区，好不容易才在沪闵南拓路俭德坊 6 号定居下来。

房子小得可怜，一家八口人住在一间不足二十平方米的小屋里，其拥挤程度可想而知。家中没有条件添置像样的物件，仅仅摆放着几件简陋的家具。顾心怿的童年生活，大都在地板上铺着席子，与几个弟弟妹妹挤在一起度过。

战乱时期，粮食短缺，吃了上顿没下顿是常有的事情。顾心怿兄妹几个不敢跑到街上去玩耍：一来是外面兵荒马乱，稍有闪失，便可能发生危险；二来小家伙们跑跑颠颠，运动量一大，肚子就愈发饿得慌。

衣食不保的境遇下，工厂开始辞退工人，顾镜诗也未能幸免。顾家因此失去了重要的经济来源，吃饭都成了问题，顾镜诗被迫找街坊邻居借粮度日。可周围邻居都一样家徒四壁，久而久之，大家都爱莫能助。不得已，他只能跑到街上做一点小买卖，以维持家庭基本生计。可即使这样，家中仍旧捉襟见肘。

全家就这样艰难地熬过了两年，顾镜诗东奔西走，四处寻找活路，最终费尽周折地在南京路光明咖啡馆里找到一份工作。因为顾镜诗之前做过账房先生，打算盘十分熟练，所以幸运地被老板聘为咖啡馆里的会计。就这样，他才终于有了相对稳定的经济收入，一家人的生活也总算有了着落。

第二章

少年求学

老上海的居民都知道，旧上海，既是有钱人纸醉金迷的天堂，也是穷苦人雪上加霜的炼狱。尤其在那段特殊的时期，始终笼罩在战争阴影下的上海，老百姓苦不堪言。而那个年代普通家庭中的长子，就是全家的顶梁柱和希望。顾心怿一天天地长大，已经接近上学的年龄。顾镜诗很清楚，假如自己和家中其他几个兄弟一样，没有一点文化基础，恐怕很难在上海谋到一份差事，也无法在这个竞争激烈的城市长期立足，因此，无论如何也得让自己的孩子有学上。

顾镜诗同妻子一起商量，打算将顾心怿送到附近学校读书。尽管顾家条件还十分艰苦，但他们知道，只有让孩子上学，才是改变他未来生活的唯一出路。因此，顾镜诗决定即使砸锅卖铁，也要送顾心怿去学校读书。

1941 年 8 月，一位还不到五岁的儿童，来到了上海劳勃生路小学，开始了他的求学生涯。由于年龄小，个子矮，他被老师安排在教室的前排座位上。班里的同学每天看见这位小个子学生，早早就来到课堂上，一副很认真听讲的模样，便都记住了这个小个子的名字——顾心怿。

两年后，顾心怿又转学到马当路小学；三年级又转学到剪刀桥路仁慈小学。无论在哪里上学，顾心怿学习都十分用功，不断依靠勤奋来摄取知识、获得成长。

顾心怿上小学三年级时，每天要穿过几条里弄，步行一段路程才能到达学校。路上车水马龙，父母总不忘嘱咐他注意安全，母亲还会事先给他一点零花钱，方便他早晨在学校附近买早餐。

有一天，在放学回家的路上，他遇到一个高年级的学生在路边玩猜石子的游戏。看到顾心怿朝这边走来，高年级学生老远就招呼他过去一起玩。顾心怿忍不住走过去想看看热闹。他瞧见那位同学蹲在地上摆弄着几粒小石子，将小石子在手上左左右右来回倒腾，然后和顾心怿轮流猜，谁猜错一次就要给对方一个小钱。顾心怿起初本不想玩，可经不住这位学生的连哄带骗，他就试着玩了几局，开始还赢了一点。然而，后来你来我往几个回合下来，顾心怿已经输得身无分文——他把母亲给的一周的早餐费全部输了进去。

顾心怿不甘心就这样认输，而且钱没了，他回家也没法跟母亲交代。于是，在这位高年级学生的引诱和鼓动下，顾心怿又大着胆子向他借钱玩了几局，没想到两人一来二去，他依然输得一塌糊涂。游戏快结束时，顾心怿不仅没有扳回来本钱，反而欠了这个学生许多钱。年幼的顾心怿哪里知道，这位比他高两级的学生，居然懂得用一些魔术的小伎俩，给他施了“障眼法”，顾心怿岂有不输之理。

当顾心怿输钱后终于准备离开时，那位高年级的同学却不同意他一走了之，他吵吵嚷嚷让顾心怿还钱，仗着自己人高马大，硬是抢夺了顾心怿身上的书包作为“抵押”。

顾心怿一路哭着回到家里，母亲看到孩子灰头土脸、失魂落魄的样子，吓了一跳。一番询问后，母亲了解了事情的原委，并通过老师找到了那位学生，要回了顾心怿的书包。回到家中，一向温和的母亲非常严厉地批评了顾心怿，并告诫他无论何时都要本本分分，一定不要贪图小便宜，即便靠歪门邪道获取了不义之财，也终究会让人瞧不起。母亲的话语字字敲打在顾心怿心上。他低着头，眼里含着泪。这是顾心怿记忆中第一次被母亲严厉地批评，让他铭记终生。

人们常说，母亲的品质决定着孩子的未来。家风，往往就是在那些容易被人忽视的地方集腋成裘。“十年树木，百年树人”，只有在子女成长过程中出现问题时及时发现并矫正，才能保证子女茁壮成长。而平时不苟言笑的父亲，也同样以其严谨的行事风格，深深影响着他的孩子们。他不但在工作中认真负责，而且每次出门，总是要衣着干净，穿戴整齐。顾心怿也在父亲的影响下养成了做事有条不紊的好习惯。在学校里，当天课堂上老师讲的重点内容，他都要分门别类地认真整理，消化吸收，学习成绩一直比较理想。

回到家中，即使条件捉襟见肘，父母依然尽力呵护着子女的成长。记忆中，母亲钱汝华嗓音非常好，空闲时间，经常给孩子们唱歌。她能非常恬静地唱出许多孩子们没听过的歌曲，旋律异常优美，嗓音纯净得如溪流一般。她还能吟唱一些越剧，吴侬软语，让孩子们听得很入迷。母亲唱歌的样子让顾心怿感觉到十分美好，他和弟妹们一起跟着母亲轻轻吟唱，常常忘记自己还身在苦难之中。

父亲是家庭的顶梁柱，为了一家人的生计，没日没夜地辛苦工作，经常加班到很晚才回家。弟妹们都睡觉了，顾心怿还陪母亲一直等候着父亲。有时候，父亲会步行回家，省下车费，给孩子们买回一些小糕点。每当此时，全家人便欢乐得像过年一般。

许多年后，顾心怿才意识到，正是父母在兵荒马乱的岁月里，以自己特有的情感方式传递给孩子们的爱，稀释了生活中的苦难与窘迫，也悉心保全了孩子们健康、快乐的童年时代。

一家人团聚在一起的时光，总是洋溢着幸福感；而一个破碎了的国家，却让流离失所的百姓痛不欲生。顾心怿自幼便目睹了日军的野蛮行径——他们端着带刺刀的步枪，在市区街道上耀武扬威，人们只得纷纷躲避。中国人经过日军的岗哨时，不仅要委曲求全地向日本人鞠躬行礼，还要无条件接受他们的搜身检查，一不留神就会遭遇鬼子的拳打脚踢，甚至被逮捕。上海的许多粮食都被日军强行囤积，老百姓不得不时常用变质、生虫的蚕豆来充饥。童年的顾心怿从家庭中享受到的温暖，与外面千疮百孔的城市形成了巨大的反差。

上海里弄纵横交错，街上动荡不安，经常传来死亡及战乱的消息，让人惶恐不安。顾心怿的母亲十分担心孩子们的安危，一般不允许子女们独自上街。她还告诉孩子们，国家贫穷落后，老百姓就会受欺负，只有学好知识，才有能力报效祖国、改变命运。

祖国，对于儿时的顾心怿是一个很抽象的词汇，但是他曾回忆道："当你体会到'国破山河在'真真切切地发生在你的身边时，就会理解什么是家国情怀，什么是人间道义。"

在日占区，日本人强制中国人上日文课，讲日本历史，讲所谓的"大东亚共荣"。而课堂上，老师却偷偷为学生讲中国古代的四大发明，讲祖国曾经的辉煌。顾心怿和同学们被老师动情的讲解感染得热血沸腾、满腔激愤——中国古代先贤的智慧影响着世界的发展与进步，中国发明火药，用来制造烟花爆竹娱乐国民，而列强却用它来制造枪炮，击破中国的国门，掠夺中国的财富。

顾心怿至今仍记得老师义愤填膺地对他们说："中国的未来，全靠在座的各位同学，你们今天发奋学习，才会让中国未来变得强大。"

谁会心甘情愿做亡国奴？看着昔日有着五千年璀璨文明的泱泱大国，此刻，却在日寇的铁蹄下苟延残喘，怎能不让人痛心疾首？顾心怿在老师的启蒙下，隐约明白了一个道理：国家兴亡，匹夫有责。而作为学生，这个"责"，就是努力学习，让自己变得强大起来。

顾心怿小时候尤其崇拜詹天佑，詹天佑用他杰出的才能、超人的智慧，克服了帝国主义的阻挠及自然环境的种种困难，历时四年，终于主持修建完成了伟大而又艰巨的工程——京张铁路，给轻视中国的帝国主义者当头一棒，同时也给中国人添光争气。詹天佑的事迹使顾心怿愈发意识到，自己一定要发愤图强，勤奋学习。他在班里面比一般的孩子学习更加用功，也因此经常得到老师的表扬和鼓励。

1945 年 8 月，日本战败，上海大街小巷都挤满了欢庆抗战胜利的群众，顾心怿也跟着家人一起欢呼着，共同庆祝胜利。突然，他看到一个青年捡起地上的一块西瓜皮，一下子扣在一个日本兵的头上，旁边的其他日本兵竟完全不敢反抗，引得路边看热闹的群众一起鼓掌叫好。

看到眼前这突如其来的一幕，顾心怿感到心中畅快淋漓，小小年纪的他也因此愈发体会到：只有国家真正强大了，才能不受别国的欺凌。

这一年，年满八岁的顾心怿所在的上海仁慈小学兴起了“乒乓球热”。课间休息时，顾心怿看到身边的小朋友都一窝蜂跑去打乒乓球，他也不禁跃跃欲试。然而由于没有球拍，顾心怿要想打乒乓球，就不得不向同学借用球拍。久而久之，一些同学就不再借给他了。顾心怿感到自尊心受到了伤害。回到家里，他想找父亲给自己买一副，可想到家中的窘境，他尝试了几次都张不开嘴——父亲微薄的薪水养活一大家人已经捉襟见肘，哪里还有闲钱给他买乒乓球拍呢。可活泼好动是孩子的天性，顾心怿按捺不住对球拍的渴望，打算自己动手制作一副。一旦有了这个想法后，他很快就付诸实践。顾心怿从家里翻箱倒柜找出几块硬纸板、剪刀、糨糊，先是将纸板压硬压薄，一层一层地粘在一起，并裁剪成乒乓球拍的大小；然后，在纸板夹层中间镶上一块小木片作为手把，一个简易的乒乓球拍就这样做成了。

第二天，顾心怿一大早就兴冲冲地带着自己制作的球拍，准备到学校一试身手。结果，刚一击到球，这个简易球拍就散架了，惹得周围同学哄堂大笑。顾心怿的脸红得像苹果一样，尴尬地站在原地不知所措。幸好此时路过一位教常识课的老师，对旁边看热闹的同学说："你们不要笑，顾心怿的拍子尽管不完美，但这是他自己动脑动手做的，是真正属于他自己的劳动成果，我们应该为他鼓掌！"

事后，这位老师又对顾心怿的球拍提出了改进建议。回家以后，他重新制作了一副乒乓球拍，并用布条包裹，加固，这样就相对结实耐用了。通过这次自制乒乓球拍，年幼的顾心怿第一次品尝到了创造的辛苦与快乐，为他执着于创新、创造的一生埋下了小小的伏笔。

第三章

专业抉择

1947年，顾心怿小学毕业了，经过短期紧张的复习后，年仅11岁的顾心怿，打算与几个同学一起报名参加上海市市立敬业中学的入学考试。父母得知他的想法后忧喜参半，一时也拿不定主意。因为敬业中学在当地名气非常大，曾有许多成绩优秀的孩子参加这所学校的入学考试都以失败告终，每年能考取者寥寥无几。以顾心怿当时的学习成绩，他的确没有充分的把握。然而母亲经过一番思量后，还是坚定地支持儿子去报考。她认为顾心怿年龄比其他同学小，即使这次考不上，仍有时间备考其他学校，况且凡事总得亲自去试一试，不然怎么知道自己能否做得到？

敬业中学的前身是上海赫赫有名的敬业书院，有着深厚的历史文化积淀。从这所学校毕业的学生中，涌现出大批优秀人才。其中包括文史学家陆锡荣，有“乾嘉江南七子”之称的赵文哲、黄文莲，清华大学物理系创建者、中国现代物理学的先驱叶企孙，等等。为能够考取这所名校，顾心怿在备考过程中投入了大量精力，虽然自知并非一定能考中，但他不想放弃这次宝贵的机会。考试结束后，顾心怿焦急地等待了一段时间，却迟迟没有等到有关录取的消息。在他几乎要放弃时，却意外地收到了学校的录取通知，成为一同前去参考的同学中唯一的考取者——他终于实现了自己的心愿，考上了上海市市立敬业中学。

能够顺利考上这样一所让人仰慕的名校，这是当地许多家庭都梦寐以求的，可顾镜诗没高兴几天，就开始眉头紧锁——他为儿子能够考取这所重点中学而高兴的同时，却为孩子的学费犯了愁。眼下一家七八口人，上有父母，下有子女，都要依靠他一人微薄的薪水供养，这使顾镜诗感到压力很大。然而即便如此，他仍下定决心：无论家庭条件多么困难，都要想方设法供儿子念书。

顾心怿记得，父亲为了确保他能够上学，不仅在外兼职打工，而且还专门找出家中平时从不让孩子动的物品——一件长衫和一块怀表，带着顾心怿去了当铺。这些“宝贝”都是陪伴了父亲多年的心爱之物，顾心怿知道，若非迫不得已，父亲是绝对不会舍得典当这些物品的。时至今日，他仍记得父亲小心翼翼地一遍遍摩拭手中怀表时，恋恋不舍的神情。

就这样东拼西凑，终于攒够了学费，顾心怿顺利来到敬业中学。在这所学校上学的学生，大都是家庭条件比较好的孩子，和顾心怿的家境形成很大的反差。作为家中的长子，他不仅自己要念好书，给弟弟妹妹们树立榜样，还力所能及地帮助家庭分担困难。除了课业学习外，每次放学回家，他都会在家中照看年幼的弟弟妹妹们，或是帮助母亲做饭。繁重的家务劳动使得他在学校明显感到精力不够，有时只能勉强跟上老师讲课的节奏。一段时间后，顾心怿的学习成绩急转直下，一度在班级中垫底。

有一次，老师在课堂上提问题，顾心怿很久回答不出来，老师非常生气，当着全班同学的面批评了他。那一刻，他站在教室里，面对同学们的目光，脸上感到火辣辣的。回到家里，母亲看他脸色不好，起初还以为是生病了。于是，便关切地询问了缘由。顾心怿把事情经过如实地告诉了母亲，这一次，母亲并没有因此而责怪他。钱汝华知道，自己平时忙于照顾家中老人和顾心怿的几个弟妹，因而疏忽了顾心怿的学习。自此以后，钱汝华承担繁重的家务之余，还会耐下性子，抽时间同儿子细细沟通，耐心地为他辅导功课。在母亲和风细雨的教诲下，顾心怿的学习成绩渐渐有了起色。

上海解放前夕，与顾心怿同届的一位名叫严宝凤的同学，是个精明干练的女孩。她经常悄悄组织进步学生开会，并有时在组织学生活动时，会让顾心怿帮助她带纸条、送口信，或者在“民主墙”上贴传单。有一次，在组织学生参加“反饥饿、反内战”集会游行时，几百名学生组成的游行队伍，到资本家的工厂门口进行示威，声援罢工的工人，口号喊得震天响。顾心怿在队伍中虽然还是一个年龄很小的少年，可他依然被当时的革命热潮所震撼、所感染。

这些进步学生组织的活动深刻地影响着顾心怿，他也兴高采烈地加入这些组织中。顾心怿尽管当时还不太明白怎样追寻崇高的革命真理，但能感觉到这是一件有意义的事情。

直到上海解放后，顾心怿才知道，过去经常带领大家共同参加活动的严宝凤，原来是一位共产党地下党员。“难怪她总是懂得那么多，原来我不知不觉间跟她一起做了很多有意义的事情!”顾心怿不禁心生感慨。

1949 年 12 月的一天，学校公告栏里张贴了新的公告，同学们都聚在一起观看。这是一份关于“发展中国新民主主义青年团❶团员”的通知，其中有一则条件是要求申请者须为年满 14 周岁的学生。

顾心怿看到公告，知道自己的年龄不达标。回去的路上，恰巧遇到严宝凤，她问顾心怿：“你过去一直参加我们组织的活动，为什么不申请加入中国新民主主义青年团呢?”在得知顾心怿年龄不满 14 周岁后，严宝凤让顾心怿按虚岁填表，并主动要求做他的入团介绍人。顾心怿听了很高兴，他及时向组织递交了自愿加入中国新民主主义青年团的申请书。令他没有想到的是，他的申请竟然很顺利地被批准了。13 岁的顾心怿，成为新中国上海市的第一批团员。一位少年在一个新政权建立之初，便义无反顾地选择了正确的政治方向，这势必激励他为自己崇高的理想而奋斗终生。

❶1949 年 4 月，中国新民主主义青年团在北平成立；1949 年年底，上海开始建立团组织。1957 年，中国新民主主义青年团更名为中国共产主义青年团。

世上的道路不可能总是一帆风顺的坦途，获取知识，总要历经艰难而曲折的过程。顾心怿并不是天赋异禀的孩子，但受家庭教育影响，他一直保持认真踏实的习惯。他明白，“学如逆水行舟，不进则退；心似平原走马，易放难收”。只有勤奋刻苦，才能弥补自身天赋的不足。学习过程中，顾心怿很善于动脑分析老师在课堂上传授的知识，并结合实践不断增强自己的动手能力。

有一次，物理老师在课堂上讲得非常生动，当讲到“白色的太阳光可以折射成七色彩虹，太阳光就是由多种不同波长、不同颜色的光谱组成的”时，老师说学校没有演示器，不能给学生演示了。顾心怿想，制作这种演示器应该不算难，自己何不尝试做一个试试看。晚上，他找来一个饼干筒，在筒上打了一个小洞，并用筷子作为轴，用圆形盖和线轱辘作为大、小带轮，再缠上布带作为传动带。第二天，在老师的细心指导下，顾心怿在一个圆盘上分角度涂上了各种颜色。手柄一摇，圆盘加速转动，各种颜色便融合成了一片白色——一个简易光谱演示器就这样做成了！当老师自豪地向学生展示顾心怿的这项成果时，同学们向顾心怿投去了羡慕的目光——顾心怿又一次尝到了创造的甜头。

1950 年，顾心怿初中毕业。当时，在他所居住的住户主要是工人和城市贫民的里弄里，初中生俨然是一名知识分子了，上高中近乎是一件奢侈的事情。父亲考虑到顾心怿是家中长子，便提出给他找一份学徒工作，以减轻家庭负担。于是，顾镜诗四处为顾心怿找工作，挣钱养家。可此时上海刚解放不久，百废待兴，经济很不景气，许多工厂被迫停产歇业。年仅 13 岁的顾心怿哪里找得到工作呢？他又一次陷入迷茫。

一次偶然的机会，改变了顾心怿的一生。有一天，顾心怿听同学说上海中华职业学校正在招生。这所学校最初是由黄炎培先生创办的，教学质量好，毕业生就业很容易，更重要的是免收学费。这对于一个经济拮据的家庭来说，无疑是很有吸引力的。而且，这所学校还有顾心怿非常喜欢的专业——机械科。于是，顾心怿决定抱着试一试的态度去参加这所学校的入学考试。

学习功底扎实的顾心怿最终顺利考取了中华职业学校。接到录取通知单时，他感到非常兴奋，因为终于圆了自己继续上学的梦想。一家人听说后，都认为这是一件值得庆贺的事情。

入学后，顾心怿了解到，中华职业学校不仅免收学费，而且还有助学金。其中的石油机械专业，是新中国成立后为培养基础工业人才而开设的一个专业。由于当时生产石油的西部地区环境非常落后，条件十分艰苦，所以，学生的学杂费用均由当时的中央人民政府燃料工业部承担。就读这个专业的条件是毕业后到大西北参加石油工业建设。

既可以学习自己喜欢的专业，又能免费就读、解决就业问题，这令顾心怿心满意足，他义无反顾地选择了石油机械专业，愉快地填写了专业志愿和去西北地区工作的承诺书。

学校在课程设置方面十分重视学生的实践能力，师资力量也十分雄厚。许多老师曾是工厂的工程师，还有的是从美国留学回国的青年才俊，理论和实践经验都相当丰富。在这里，顾心怿如饥似渴地学习专业知识。他严格要求自己在课堂上始终保持旺盛的精力，不放过任何一个知识节点，每堂课都全神贯注地听讲，认真做好课堂笔记，课后再举一反三地复习和巩固。这一阶段的学习使顾心怿掌握了良好的学习方法，同时也为自己日后工作中掌握探寻规律的方法拓展了思路。

兴趣是学生最好的老师，对于当时年仅十几岁的顾心怿和他的同学们而言尤其如此。因此，老师对学生的开蒙与启迪就显得愈发重要。令顾心怿记忆犹新的是教机械制图的朱君平老师。他上课从来不照本宣科，并且风趣幽默，格外吸引同学们的注意力。

第一天上课，朱老师就站在黑板前面，一抬手，用粉笔画了一个大大的正圆，令同学们感到十分惊讶。接着，他又画了一条很长的直线。同学们简直都惊呆了——老师画的圆和直线，实在太规范了，而且他并不需要借助圆规和直尺，真是令人不可思议！朱老师教导学生们，只要经过刻苦训练，每个人都可以达到这种状态，以后无论在怎样简陋的工作环境中，只要有一支笔和一张纸，就可以随时随地绘制出草图，既省时省物，又能够方便快捷地送到车间进行加工。老师的亲身示范在学生心中树立了学习的榜样。

在课堂上，朱老师能够将看似深奥艰涩的几何课程，运用生动形象的方式呈现给学生们，让他们大开眼界。顾心怿在朱君平老师的课堂上受益匪浅。从中学到的许多知识、技能，在后来的工作岗位上都十分受用。

中华职业学校有自己的定向实习工厂，学生一般在课堂上学习专业理论后，会再到实习工厂进行验证和磨砺，使实践能力得到进一步提升。不仅如此，学校还定期组织学生到合作的机械工厂去顶岗实习，与工人们一起工作，从而既锤炼了学生的理论与实践结合能力，又使其在实践中学习了工人师傅们吃苦耐劳的品质。

正是在中华职业学校的求学经历，使顾心怿与石油结下了不解之缘。也正是在这里，他牢牢记住了黄炎培先生倡导的校训：手脑并用，敬业乐群。

第四章

羽翼渐丰

第一节　赴京深造

在中华职业学校两年的求学生涯不知不觉中就要结束了，顾心怿对石油机械专业知识有了更深入的认知。按照入学协议的规定，毕业后，顾心怿会被分配到当时我国仅有的位于新疆、玉门等地的油田工作，参加祖国边疆的油田建设。

从繁华的上海大都市到荒无人烟的戈壁大漠去工作，顾心怿并非完全没有抵触情绪，但他知道做人要诚实守信。因此，他坚持带头响应学校的号召，踊跃报名参加祖国西部的油田建设。回忆起当年的经历，顾心怿说自己尚没有所谓的鸿鹄之志，也没有惊天动地的豪言壮语，自己只是朴素地认为，应该信守诺言，到艰苦的边疆去，到祖国最需要的地方去。

当他踌躇满志地准备报名去大西北时，却不知道学校正在遴选政治条件过硬、根正苗红的学生继续深造——学校当时最紧要的是为国家培养输送一批石油翻译人才。而顾心怿的条件完全符合学校的选拔标准，加之其品学兼优，年龄符合要求，便名正言顺地进入备选学生名单中。就这样，他的命运又发生了戏剧性的转变——在中华职业学校毕业后，便被推荐到国家燃料工业部干部学校俄语专修班继续深造。

这样的安排，令顾心怿感到出乎意料。尽管班上许多同学对他很是羡慕，但顾心怿却有些高兴不起来。一方面，他期望自己能到大西北去，那里有广阔的天地，自己一定会有所作为；另一方面，自己作为家中长子，成长至今，不仅没有为父母分担经济压力，反而因为一直上学给家里增加了不少负担。他希望尽快找到一份合适的工作，减轻父母的生活压力。虽然眼前的选择让顾心怿十分犹豫，但俄语专修班的机会难能可贵。因此，他最终还是选择了服从组织安排，继续学习深造。

国家燃料工业部干部学校俄语专修班，是专门为培养燃料工业专业翻译人才而开设的。该专修班开办时，同时设立了三个班：一、二班各30人，由来自东北各地煤矿学校的毕业生组成；三班有37人，其中包括从上海中华职业学校石油机械专业毕业生中选调的20人，从苏州高级工业技术学校炼油专业毕业生中选调的7人，以及从杭州水电学校电力机械专业毕业生中选调的10人。俄语专修班的班主任岑明是一位资深的老干部，学校领导均为精通俄语的技术专家，承担该班俄语语音课、俄语文学课(精读课和泛读课)、专业俄语课和俄语口语课等的教学工作。学校同时配有苏联教员，并为每一位苏联教员配备了中国教员以开展协助工作。

顾心怿所在的三班，37名同学大都曾是原学校中出类拔萃的优等生。学校良好的学风、扎实的基础教育、和睦的师生关系，都为学生的德育和智育发展打下了牢固的基础。

在俄语专修班学习期间，顾心怿认真而系统地学习了日常俄语及石油机械专业俄语方面的知识。这为他在日后与苏联技术人员高效交流中，熟练掌握苏联机械专业技术奠定了坚实的基础。

首都北京人文荟萃，风光无限，名胜古迹不胜枚举，但顾心怿却没有多少时间去游景逛街，而是几乎将全部时间与精力都用在了学习上。由于学校课程安排得很紧凑，班里的同学学习都非常努力，顾心怿自然也不甘落后。他保持着勤奋、认真的学习习惯，成绩始终比较稳定。第一次期末考试时，俄文学、历史、语法、讲读、专业等六门课程，全部达到满分5分。最终六个学期结束时，他先后有四个学期被学校评为优等生。

1954年10月1日，新中国成立五周年之际，顾心怿与同学一起到天安门广场参加群众游行。他看到天安门广场上，由工、农、商、学、兵组成的游行队伍摩肩接踵，浩浩荡荡，长安街上宛若一片欢乐的海洋。顾心怿走在游行队伍中，精神抖擞，意气风发。他抬头远远望见，毛泽东、刘少奇、朱德、周恩来等中央领导人，正站在天安门城楼上观看游行队伍。毛泽东主席不时伸出手臂，向广场游行的群众挥手致意。顾心怿随着游行队伍从广场前面经过，内心的激动难以言表。此时，人们兴高采烈地高唱起《大海航行靠舵手》，歌声高亢，场面壮观；天安门城楼前红旗漫卷，人山人海，一片欢腾。此情此景，成为一生中难以忘怀的幸福时刻，永远定格在顾心怿的脑海中。他期盼伟大的祖国不断强大，因为没有新中国，他们这些穷孩子就不可能有机会来北京求学。

1953~1956年，顾心怿在北京度过了求学的三年，这期间，他没回过一次家乡。不是不想家，而是自己的经济条件不允许。

每到放寒暑假的时候，他就到北京火车站去瞧瞧，送走返乡的同学。那个时候，顾心怿最大的愿望就是口袋里有28元5角钱，这样他就能买到往返车票，回到日思夜想的家乡。他经常在梦中回到上海，见到父母，还有同自己一起玩耍的弟妹们，可每每醒来，却又要只身一人面对漫漫长夜。顾心怿只能将思念化为学习的动力，日复一日坚持苦学专业知识。

空闲的时候，顾心怿会利用晚上的时间给父母写信，只有通过书信往来，传递对亲人的想念之情，他心里才会得到些许安慰。他把想对父母说的话都写在信纸上，问一问他们的身体，问一问家中的变化，问一问弟妹们的学习……

独自在外求学的生活再艰难，顾心怿都不曾向父母开口要钱，他省吃俭用，靠为数不多的助学金维持简朴的生活。有一天，一位同学忽然生病住院，顾心怿听说后与几个同学准备一起去医院看望，其他同学都买了礼物，顾心怿囊中羞涩，只得硬着头皮向同学借了一点钱，买了一个苹果送给生病的同学。礼轻情意重，同学非常了解顾心怿的经济状况，并没责怪他。可他自此真正理解了当初父母的节俭与艰辛——父母为了供他上学，节衣缩食，省吃俭用，一分一厘都来之不易啊！

寒暑假留在学校的日子里，除了认真复习、预习所学知识外，稍微有空闲，顾心怿就钻到学校图书馆如饥似渴地阅读课外书籍，《钢铁是怎样炼成的》等一些励志小说都是他利用假期在图书馆里读完的。他的心灵在一次次阅读中经历着红色的洗礼。他还经常利用假期时间查阅俄语资料，弥补课堂中的遗漏和不足。只要一看书，他便经常忘记吃饭的时间，学校图书馆的管理员时常提醒这个戴眼镜的“书呆子”去食堂，否则他不知道会饿多少次肚皮呢。

一个人获得精神滋养的渠道是多方面的，静心阅读，潜心揣摩，都使他愈发明晰自己的人生方向。在读《钢铁是怎样炼成的》时，顾心怿被书中保尔·柯察金的故事深深地打动了，他记住了保尔说过的话：“人，最宝贵的是生命；它，给予我们只有一次。人的一生，应当这样度过：当他回首往事时，不因虚度年华而悔恨，也不因碌碌无为而羞愧。这样，在他临死的时候，他就能够说：‘我已经把我的整个生命和全部精力，都献给了这个世界上最壮丽的事业。’”后来，每当遇到挫折和坎坷，顾心怿总能从这段话中汲取力量，不懈前行。

闲暇之际，顾心怿也会学唱一些俄语歌曲。他认为这不仅能够很有效地提升自己的口语水平，而且还能通过优美的旋律释放疲劳。那时候，同学之间比较流行跳交谊舞，而顾心怿感觉自己缺乏这方面的天赋，他更喜欢在校园的绿草坪上，用迷人的嗓音，深情地高歌一曲《喀秋莎》，旁边的同学也经常快乐地用手风琴为他伴奏。

正当梨花开遍了天涯
河上飘着柔曼的轻纱
喀秋莎站在峻峭的岸上
歌声好像明媚的春光

姑娘唱着美妙的歌曲
她在歌唱草原的雄鹰
她在歌唱心爱的人儿
她还藏着爱人的书信

啊这歌声姑娘的歌声
跟着光明的太阳飞去吧
去向远方边疆的战士
把喀秋莎的问候传达

驻守边疆年轻的战士
心中怀念遥远的姑娘
勇敢战斗保卫祖国
喀秋莎爱情永远属于他
……

沁人心扉的旋律，优美欢快的节奏，吸引着周围的同学们。大家跟着节拍一起轻轻哼唱着，欢笑着……

顾心怿自己也陶醉在这优美的乐曲里。目光所及之处，阳光明媚，天空湛蓝，首都雄伟而壮丽。

第二节　红色信仰

顾心怿所在的班级是俄语专修班中的先进班级，入学之初便有三名预备党员，班长王才良就是其中之一。顾心怿发现，王才良看问题，总能有自己独到的见解，学习成绩也始终名列前茅，因此心中默默视其为自己学习的榜样。

小时候，顾心怿多次积极参加高年级同学组织的民主进步运动、反饥饿游行，不知不觉间受到了他们革命热情的影响。那时候，顾心怿就非常羡慕他们敢作敢为的劲头，敢于向旧势力挑战的勇气，希望自己也能够成为像他们那样的人。青少年时期的共产主义启蒙，对于顾心怿的一生产生了至关重要的影响。他坚信，只有紧跟共产党，中国老百姓才会有希望。

顾心怿从班主任和班长那里，借来许多有关共产主义理论的书籍，仔细阅读了《共产党宣言》，系统学习了《为人民服务》《愚公移山》《纪念白求恩》等文章。

作为一个还没有走出校门的学生，在经过一段时间对革命理论著作的系统学习后，他愈发感受到中国共产党的伟大——只有一心一意为劳苦大众谋幸福的政党，才是人民信赖和拥护的党。顾心怿浸润过水深火热的苦难岁月，经历过血海深仇的战乱年代，如今，他渐渐明白自己为何而学，懂得了历史赋予自己的重任。他暗下决心，一定向党组织靠拢，争取早日成为中国共产党队伍里光荣的一员。

在俄语专修班学习的第二学期，顾心怿郑重地向学校党组织递交了申请书。然而等了许久，却迟迟不见回音。但他不气馁，先后多次向组织呈报了自己的思想汇报，密密麻麻写满了一笔记本的学习心得和认识体会。负责政工管理的张老师是党支部委员，看到这位班中年龄最小的学生，思想却很积极，且做事十分执着，不由得对他刮目相看。课余时间，张老师总喜欢找顾心怿聊天，从他们的交流过程中，他得知了顾心怿的成长经历，也理解了顾心怿申请入党的迫切愿望。他对顾心怿说，年轻人有愿望还远远不够，还需要对党有一个不断加深认识的过程，随时准备接受党组织的考验。

顾心怿从图书馆借到张老师推荐的几册共产党知识读本和毛主席著作，继续如饥似渴地学习起来。他认真学习了党的纲领、方针、政策、理论等内容。在持续深入的学习中，顾心怿经常审视自己的身份，不断检视自己的言行，严于剖析自我，善于反观自照，勇于自我反省。通过认真反复地学习和感悟，使自己在思想和行动上都获得了很大的提升。

经过一段时间的学习后，顾心怿再次撰写了一份入党申请书。这一次，他结合自己的深入学习和不断思考，将思想心得和体会，一并交给了张老师。张老师看到这个小伙子如此坚持不懈地追求自己的理想，思想也日渐成熟起来，打心眼里为他高兴，他许诺做顾心怿的入党介绍人，同时，还安排他参加了学校的入党积极分子学习班。

1955年3月，学校党支部初步讨论通过了顾心怿的入党申请，原则上同意发展他为中国共产党党员，并准备报上级党委审查批准。这时候，班里还没有一个正式学生党员。

1955年11月10日，顾心怿清楚地记得这个日子。他激动地站在鲜红的党旗下，对着党旗庄严宣誓。这一天，他终于梦想成真，光荣地加入了中国共产党。

这一年，顾心怿刚刚年满十八岁。这是他成人礼上特别值得纪念的篇章。当初学校不乏优秀者，而像他这样年纪轻轻，便能够顺利发展为学生党员的，全校还是凤毛麟角。顾心怿通过刻苦努力学习，出色的政治表现，赢得了党组织对他的考验和信任，终于实现了自己梦寐以求的夙愿。

入党以后，他对自己的要求更加严格，学习的动力也更足了。他不仅带头参加支部组织的各项政治活动，还主动关心帮助其他同学，与大家互相督促，共同进步。

俄语学习是顾心怿所在专修班的主要内容。由于顾心怿没有念过高中，外语几乎是零基础，学习难度比一般同学大得多。因此，他投入了比其他同学更多的时间和精力。语言专业学习枯燥乏味，顾心怿只能在学习过程中，寻找小技巧和趣味性。为了记忆一些难背的单词，他还自创了“联想记忆法”。比如：“星期天”这个词语，顾心怿将其发音联想为“袜子搁在鞋里”，“想想也挺有道理，周末了袜子搁在鞋里，就好好休息呗。”

通过对单词的一遍遍重复训练，对语法的一次次反复记忆，顾心怿的俄语水平不断进步，记忆力也得到显著提升。经过紧张而刻苦的三年学习，1956年，顾心怿从俄语专修班毕业，拥有了他此生的最高学历——大学专科。

第三节　去大西北

从俄语专修班毕业前夕，学校开始安排学生工作分配事宜。这关乎每个人的未来，大家显得格外慎重。平时热闹的校园似乎一下变得安静起来。

此时的顾心怿，面临着人生又一次重要的选择。校方对优秀毕业生的去留，提供了相对宽裕的条件。以顾心怿的学习成绩，可以选择留校或在北京石油系统从事翻译工作；同时，也可以选择去西北地区的油田工作。他想过，若是留在北京继续做翻译工作，环境优越、工作舒适，但北京藏龙卧虎，人才济济，想要成就一番事业，其难度可想而知；若是上玉门油田，面对的是“风吹石头跑，天上没飞鸟，山多不长草，男多女的少”的茫茫戈壁和一年四季“一张羊皮随身带，白天穿，晚上盖，天阴下雨毛朝外”的恶劣环境，但在那片广阔天地却可以大有作为。

留在北京，环境优渥、工作稳定，但当时的顾心怿认为，学习知识的目的，是在实践中发挥应有的作用，自己掌握的专业知识，只有真正运用到油田，才会有更广阔的施展空间。因此，经过反复激烈的思想斗争，他还是决定选择去油田工作。这个时候，他的同班同学、比他年长一岁的好友洪百荣也在分配去留的问题上，与顾心怿陷入了同样的两难境地。

顾心怿心中始终铭记自己在中华职业学校入学时的庄重承诺：到大西北去，去大西北开采石油，去大西北为国家奉献才智。洪百荣也是与他有着同样想法的热血青年，两人一拍即合，决定去西北锻炼自己。有了志同道合的伙伴，更增强了顾心怿去大西北的信心——人生难得几回搏，不趁年轻闯一番事业，更待何时？

于是，他与洪百荣一起找到学校，顾心怿说："我们学的是石油机械和石油专业俄语，北京虽然条件好，却没有油田，我们还是自愿去大西北。"分管就业分配的负责人答应将他们的意愿反映给学校领导，并让他们耐心等候消息。

没过多久，学校经过研究并报上级部门批准，同意了他们的请求。就这样，顾心怿和洪百荣以俄语实习翻译的身份，被分配到具有"中国石油工业的摇篮"之称的玉门油田。

至此，全班37名同学均完成毕业分配，除了两人被分配到玉门油田、两人被分配到四川气田外，其余毕业生全部留在北京从事技术翻译工作。直到苏联专家完全撤走后，他们才再次被分配到各技术、教育领域从事科研、教学、管理工作。此后，这个班的学生在祖国的各条战线上，砥砺前行，以技术报国，为集体取得了许多荣誉。

1956年7月，顾心怿带上行李，与洪百荣一道乘火车，从北京一路翻山越岭赶往甘肃。在兰州下车后，他们转乘客车赶往玉门。客车经过酒泉时，顾心怿透过车窗看到外面零零散散分布着几排房屋。在这个看起来不大的地方，始终有高音喇叭放着革命歌曲，让他不禁感到热血沸腾——谁也没想到，两年后，这里开始建设中国最大的卫星发射基地。等他们到达目的地时，天已经完全黑下来。两人一路打听到玉门油田驻地，找到玉门油田专家工作室的主任朱文科报到。

朱文科见到这两位从北京分配来的学生，衣着朴素，言谈举止儒雅，心中非常高兴，兴奋地对他们说："你俩是第一批来报到的学生，欢迎你们来石油一线与我们并肩战斗。”朱文科还告诉他们，西北地区虽然荒凉，却是年轻人奋斗的好地方。接着又简单地给他们进行了分工，并嘱咐了工作中需要注意的相关事项及安全规定。

为了振兴民族石油工业，1953～1957 年，国家集中力量加快新中国第一个石油工业基地建设。玉门油田迅速成长壮大为一座集地质勘探、钻井、采油、炼油、机械制造、油田工程建设和石油科技、教育等为一体，门类齐全、设施完备的大型现代石油工业基地。

在祁连山下，顾心怿踏上了玉门油田的土地，这是他第一次感受到戈壁滩的苍茫与辽阔，第一次领略到祁连山的雄浑与奇美，第一次惊喜地看到巍峨的钻塔直冲云天，第一次见识到地下的原油是怎样被勤劳的石油工人开采汇聚一起……

顾心怿在玉门经历了平生许多个“第一次”。他把这里作为人生崭新的起点，作为从校园走向社会，投身石油建设的第一站。他格外珍惜在这里的学习和锻炼机会。

当时，顾心怿被分配到玉门矿务局专家工作室做翻译工作。然而不知何种原因，应由他陪同翻译的苏联专家一直没有到达玉门，因此，他只能作为机动人员，在其他人忙不过来时，帮助开展翻译工作，其余时间在工作室整理外文资料。但顾心怿不愿意总在机关待着，他喜欢去前线井队，那里的许多场景他都曾在上学的时候一遍遍憧憬和想象过。

人生的许多经历，只要用心体验，都会成为宝贵的财富。在这里，从没体验过油田生活的顾心怿，终于有机会近距离地了解玉门油田的基层工人。他去看早年工人吃住的土窑洞，看东岗上用新技术钻的双筒井，看老式采油树；他在戈壁滩上看物探地震队放炮测量，看井场钻井工人打快速钻井，看采油工人用抽子提取原油……

这些工人们的日常工作流程，在他眼里都变得新鲜生动。甚至当时看到的许多场景，至今都令他记忆犹新。

玉门前线的职工看到从北京分配来的这个年轻人——文质彬彬，眉目俊朗，说起话来斯斯文文，略带上海口音——起初心里直犯嘀咕，担心他是个弱不禁风的“绣花枕头”。但是通过一段时间的接触后，大家对他的看法都大为改观。

顾心怿接受过良好的家庭教育，这不仅使他自幼知书达理，而且养成了勤学好问的习惯。他在现场遇见不明白的问题，总是喜欢找有经验的老师傅讨教，并且有“打破砂锅问到底”的精神，不弄清楚前因后果，便不肯善罢甘休。闲暇的时候，他还喜欢独自去附近的钻井或采油工地施工现场转转。这里有许多新中国成立前就参加工作的工人，他们长期在这些井场上摸爬滚打，练就了过硬的技术本领。曾有一位年长的工人师傅笑着对他说：“小伙子，别看这儿是不毛之地，可地下遍地是宝。不来玉门，怎么算得上真正的石油人？你算是来着了！”

顾心怿很庆幸自己的选择。老师傅们反穿着老羊皮，高门大嗓，性格豪爽，对他提出的问题有问必答，从不拐弯抹角。顾心怿不仅对不明白的问题喜欢刨根问底，而且还喜欢自己动手实践一番，过一把操作的瘾。他在征得工人师傅的同意后，在司钻的指导下上钻台、扶刹把，与柴油司机一起发动机器，同井架工一道爬上钻塔二层平台拖钻杆……井队所有的岗位他几乎摸了一个遍。

玉门矿务局的老君庙是玉门人最深的记忆之一。因为淘金而修建的老君庙，见证了玉门的石油荣光。顾心怿专门前往老君庙，瞻仰了功勋卓著的老一井，在这里一遍遍感受当年石油前辈叱咤风云的岁月。

他记得玉门矿务局附近有一条石油河，在河边上老君庙的附近有个中坪广场，广场上耸立着一座孙建初的纪念碑。这位被称为“中国石油之父”的开拓者，是第一个跨越祁连山的中国地质学家，指导探明并开发了玉门油矿，建成了中国第一个石油工业基地，是中国石油地质的奠基人，培养了中国第一批石油地质人才，对中国石油事业做出了卓越贡献。

在中坪广场上，顾心怿长久地仰望着孙建初的纪念碑，心潮起伏，思绪万千。他对这位浩气长存的石油前辈敬仰已久，在北京上学期间，他在学校图书馆就阅读过孙建初的相关资料，对于这种无论在什么环境下，都能够把国家的能源事业看得比生命还重要的人，心中无比钦佩！

玉门石油工业的优良品质，正是在于一代代石油人的传承与接力，也才因此涌现出王进喜等一大批彪炳史册的石油英模。顾心怿感到自己需要学习的东西太多了。此后，无论自己跑现场，还是陪外国专家上井，他都非常用心地记录工作中的细节。有一次，波兰专家来玉门矿务局了解柴油机的使用情况，他作为翻译陪同专家在现场详细了解了设备的每一道运转流程，并在参观结束后反复揣摩专家所提出的每个问题的本质，认真思考解决方法。他由此愈发感到，所有技术相关理论都要回归现场，不断接受实践的检验。

大西北戈壁滩的道路，是高低不平一棱一棱的“搓衣板”路，汽车在上面奔驰很是颠簸，可当地老百姓的牛车走在上面却十分平稳。顾心怿通过观察发现，原来是牛车安装了直径两米的木头轮子，远远望去，只见轮子不见牛和车，所以，这样的装备对付坑坑洼洼的道路不在话下。“果然深山藏虎豹，民间有高人。”他不禁心生感叹。粗犷的大漠荒野，酣畅的信天游，豪爽的塞外汉子，冬暖夏凉的窑洞，蕴含在民间的智慧……都深深影响和陶冶着这位上海青年，也为他人生的发展埋下了伏笔。

在他来到玉门工作的第四个月，有一天，朱文科对顾心怿说："经过核实，原先由你服务的那位苏联专家的确来不了了，现在组织需要调你去华北，那里从苏联进口了最先进的气孔钻机，正需要像你这样的年轻人去施展本领。"尽管顾心怿感到有些意外，但依旧服从了组织的分配。在西北工作虽然只有短短的几个月时间，却对顾心怿产生了深远的影响。他非常庆幸自己当初的选择——假如没有玉门油田这段工作经历，他或许还在另外一条道路上踟蹰，而恰恰是这次选择，让他明确了自己的目标和方向。从此，外在因素再难撼动他坚如磐石的决心。

第 五 章

结缘胜利

1956年11月，顾心怿和洪百荣接到上级部门的通知，安排他们到河北省衡水市的华北石油钻探大队32104钻井队担任苏联专家的翻译，参加华北地区第一口油井——华一井的钻探工作。接到调令后，他们简单收拾完行囊，便从玉门乘车匆匆赶往华北。到达目的地后，他们很快调整好状态，着手了解华北地区石油勘探生产过程中各类钻机的基本性能。

严格地说，华一井是中国与苏联在华北地区合作钻探的第一口探井。由于这口井在华北地区具有十分重要的意义，因此，勘探过程中采用了当时苏联国内最先进的气控钻机，华北油田钻探大队32104钻井队与苏方联合组成强大的技术阵容，以期早日拿下这个"堡垒"。32104钻井队除常规人员配置外，还为苏联工程及机械专家和十多名技术工人配备了包括顾心怿在内的七名翻译人员。他们长期驻扎井队，开展翻译及相关技术工作。

那段时间里，顾心怿每当空闲时，便到现场同工人们一起干活，或者观察工人处理机械设备故障，从而不断在实践中学习。他暗下决心，一定要进一步向设备构造探进，深入了解机械设施的构造和运转机制。为学习苏联气控钻机的工作原理，顾心怿利用业余时间认真研读俄语钻机说明书和相关资料，半人多高的技术资料，他不厌其烦地逐页翻看，直到完全弄明白为止。

他十分珍惜同苏联专家一起工作的机会。由于具备专业语言优势，顾心怿与他们交流起来毫无障碍。他经常就某个疑难问题虚心讨教，有时一个问题反复求证好几遍，直到彻底了解来龙去脉才肯罢休。起初，有些苏联专家在工作交往中比较傲慢，不太愿意过多地向中方技术人员讲解设备方面的细节。但性格执着、谦虚好学的顾心怿还是想方设法，通过工作中的真诚相待、生活中的悉心照顾，最终赢得了苏联专家的信任。有时候，这些苏联专家还会给顾心怿讲他们卫国战争时期的故事和一些家乡的奇闻逸事。讲到动情处，他们时而像孩子一样，流下激动的眼泪，时而又会豪爽地大笑起来。从他们绘声绘色的讲解中，顾心怿能够感受到他们对自己强大祖国的自豪感。他常想，何时我们的祖国能变得如此强大呢？

特殊的石油会战历史时期，中国石油勘探重要力量兵分两路，一路集中在松辽平原，另一路的主攻目标则基本锁定在华北平原。由于所处位置地质构造十分复杂，华一井前前后后打了一年多仍未完成，施工过程异常艰难。而正在遭遇严重困难的时刻，苏联专家突然接到通知，撤离了中国，导致许多技术工作骤然停止。这愈发使顾心怿明白，中国的事情，最终还要依靠中国人自己来解决。

苏联专家撤离后，顾心怿接到通知，可以返回北京重新安排工作。面对当时华一井进口钻机停钻的状况，顾心怿放弃了回京的机会，申请继续留在油田工作，

他认为，自己学过石油机械专业知识，曾经仔细查阅并分析过这部钻机的全部俄语技术资料及其他相关资料，加之在为苏联专家担任翻译的过程中，向他们学习了许多专业知识，因此，他甚至比现场操作人员还要了解华一井钻机的技术细节。他相信，现场需要他这样的技术人员。

就这样，在顾心怿的诚恳请求下，钻探大队负责人向上级说明了现场的实际困难，希望能够留下顾心怿在油田继续开展技术工作。特殊时期，需要特殊人才，在得到上级的同意后，钻探大队的同事们都为能留下顾心怿而高兴。

不久，华北勘探处处长宋世宽打来电话，告诉了顾心怿一个好消息：上级批复顾心怿担任石油机械技术员，按照大学本科学历转正，工资待遇多转一级。没有经过助理技术员，就直接破格成为石油机械技术员，使得顾心怿比同期毕业的大部分同学高出一级——

这是在特殊岗位中顾心怿获得的“特殊奖励”。

1957 年，华北石油钻探大队升级为华北石油勘探处，迁址济南。顾心怿作为厂里的技术骨干随厂迁往济南，被分配到勘探处钻井科工作。自此，他与山东结下了不解之缘。

1958 年，石油部部长余秋里详细听取了华北石油勘探处负责人和专家的汇报。通过他们对华一井的分析，余秋里果断提出了由隆起区找油转向坳陷区找油的总体部署，集中力量在坳陷区选择具有圈闭的构造进行钻探。

同年 12 月，石油工业部在北京组织召开了晋、冀、鲁、豫四省石油勘探协作会，同地质部和四个省份进行了初步分工；1960 年 5 月和 1960 年 11 月，又先后召开了同地质部协商分工的郑州会议和天津会议。与会专家学者一致认为，渤海湾一带是找油找气的有利地区，并计划将马头营构造、北塘构造、羊三木构造、盐山构造、义和庄构造和东营构造等六个局部构造作为突破口进行勘探，还一致决定东营构造由钻井力量较强的石油工业部负责钻探。

华北石油勘探处组织队伍继续开展勘探工作，勘探范围包括河南、河北、山东等地，钻探了华二井至华六井五口探井。顾心怿参与了每口探井的施工、作业、设备运行等环节的现场服务工作，协助解决了多种设备问题，深得同事们的好评和信任。

在多口探井钻探期间，除华四井及华六井在二叠系砂岩中见到零星油斑外，其余探井均未见到任何油气显示。长时间的疲惫作战收效甚微，令大家有些心灰意冷。直到 1960 年，华北石油勘探处在山东省商河县境内打出了华七井，并在济阳坳陷第三系中见到良好的生油岩层和储油岩层。以此为契机，石油工业部和地质部的专家认真总结前几年找油过程中积累的经验和教训，进一步论证和评估了渤海湾地区的油气勘探前景，重新调整战略部署，确立主攻方向，决定集中力量加快这一地区的钻探进程。

顾心怿先前在济南的华北石油勘探处机关工作，负责勘探处所属前线单位设备的维护保养和监督；1961 年 2 月，他转调到华北石油勘探处下属的石油机械厂任技术负责人，成为独当一面的技术人才。

1961 年 2 月 26 日，32120 钻井队在冰天雪地里，组织队伍正式在东营开钻华八井。队上 150 名钻井工人中大多是部队转业军人，作风过硬，野外生存能力强，他们顶风冒雪在旷野昼夜奋战。他们学习大庆油田的经验和方法，仔细研究分析油层，制定技术策略，力求达到快速勘探开发油田的目标。

4 月中下旬，华八井完钻并见到油气显示。好消息传来，极大地鼓舞了参战队伍的士气，人们仿佛听见石油的脚步声越来越近。经过前期漫长的勘探，大家终于看到了希望的曙光。只是他们当时还不知道，这是一口具有里程碑意义的井，作为胜利油田的发现井，拉开了华北地区大规模石油勘探开发的序幕。

喜讯很快传到了位于济南的华北石油勘探处。由于当时钻井现场急需设备机修人员，华北勘探处决定，组织一个小分队前去支援华八井的机械维护工作。与众多盼油心切的人一样，身处石油机械厂的顾心怿听闻这一消息，心中无比喜悦。当听说现场缺少机械维护人员时，他主动要求同另外四名技术工人加入机械修理小分队。在征得组织同意后，他们立即拉上两台机床设备，带着帐篷匆匆赶赴东营地区。

这样一口令人瞩目的重点井，其勘探意义在陆相石油开采中非同小可。石油工业部决定直接派邓礼让到华八井作业现场指导工作。邓礼让到达现场后，看到华八井设备陈旧，经常发生机械故障，十分着急。他见到负责井队设备服务工作的顾心怿后，嘱咐他住在井场，随时准备巡查设备，确保钻机、柴油机正常运转。

钻井现场瞬息万变，勘探过程的突发状况层出不穷。有一次，井口又突然遇到问题，地质专家需要取出油层的岩芯进行分析，可几次取芯钻进效果都不理想，无法取到完整的大段岩芯。大家先后尝试了多种思路依然没有办法解决眼前的问题。

当时的钻井队队长李仲田是一位身经百战的老石油工人，处理过许多井场故障，可面对当前的问题，一时也想不出解决的办法。他手足无措、心急如焚。当见到顾心怿时，就像是看见了“救星”一样，激动地对顾心怿说：“小顾，你是搞机械的，能不能赶快帮我们想想办法，取出岩芯？如果因为这个问题耽误钻井生产进度，我真的负不起责任啊!”

然而，顾心怿只是负责地面设备维修，对于地下取芯工具并没有太多涉及，因此没有多少把握。

他先到现场仔细查找分析了故障原因，认为现在使用的取芯工具比较细，无法满足当前地层的取芯需求，于是萌生了重新设计一款取芯工具的想法。

他带着自己的一些初步思路，找到几位经验丰富的司钻进行沟通。他们在现场认真分析了导致现存问题的主要原因，并因地制宜，提出了新的设计措施和方案，大家初步达成了共识。

顾心怿顾不上休息，连夜绘制设计图纸，再赶到加工车间，迅速组织了几名机械工人，因陋就简地制作出了比原先取芯管横截面面积增大了四倍的新取芯工具。经过技术人员在井上的现场运用，一举成功取出了东营地区第一筒大直径油砂岩芯。

这套大直径取芯工具顺利解决了生产上的燃眉之急。尽管在当时简陋的条件下，该工具制作不甚精良，但顾心怿的设计理念完全符合现场需求，工具结构设计十分合理，有效发挥了它的独特作用。这套取芯工具可以称得上顾心怿工作以来的第一项科技创新成果，极大地提升了顾心怿日后开展科技创新工作的信心。

华八井的成功钻探，有力地推动了整个华北地区石油普查勘探的发展。1961 年 7 月，石油工业部做出决定，要求华东石油勘探局的主要勘探队伍由江苏调往山东，原先在山东的华北石油勘探处并入华东石油勘探局，集中力量对已见油的东营凹陷进行重点勘探。1962 年 9 月 23 日，东营构造上钻探的营 2 井获日产 555 吨高产油流，成为当时全国日产量最高的一口油井。

顾心怿在华八井出色完成工作任务后，邓礼让看他是一个不可多得的技术苗子，便诚恳地对顾心怿说："你别走了，还是留在东营吧，这里更需要你。"

顾心怿想了想，便答应下来。就这样，顾心怿便留在了东营。他半开玩笑地说："我这辈子跟油田有缘，恐怕撵也撵不走了。"

在人生的取舍与机遇面前，这是顾心怿又一次做出自己的重要选择。这一选择是顾心怿在胜利油田奋战一生的开端。时至今日，他依然为当时的决定感到欣慰。

第六章

初露锋芒

在前往东营工作之前，顾心怿在济南华北勘探处工作期间，也通过不断的学习和实践，快速提升了自身的专业技能。

华北勘探处领导一直非常注重年轻技术人才的培养。处长靳跃华曾经是位红军干部，他鼓励顾心怿趁年轻、接受能力强，多学习技术知识，从而更好地满足油田对技术人才的需求。

1957 年 8 月，山东工学院开设夜大招收青年职工。这是一种为在职人员安排的授课方式，仅在每周周六、周日和三个工作日的晚间上课。顾心怿看到学习的机会来了，便高兴地报了名。由于基础知识扎实，又进行过系统的练习，因此，顾心怿非常顺利地考入了夜大。他选择了夜大机械班，坚持学习了近三年。直到后来工作调动到东营，才只能遗憾地提前结束了夜大的学习。

除了在夜大学习理论知识，顾心怿还通过在军工厂实践等方式不断提升自身技术水平。

坐落在吉林长春的东北军工厂，是一家有着上千人的制造和修理坦克发动机的工厂，在当时是一所对外严格保密的军工企业。石油工业部曾抽派石油系统具备机械技术专长的人员前去进行实践锻炼。顾心怿作为被抽派的技术人员之一，前往东北军工厂参加了培训。他们被统一安排在一个大车间里，分成若干小组分别跟流水线上的技师学习拆卸发动机。

军工厂的技师都是技术熟练的专业机械师，他们轻车熟路地示范操作，顾心怿与其他学员一丝不苟地认真学习。从整台机器拆卸开始，到清洗、修复、更换零部件，最后组装整机，顾心怿通过认真观察与一遍遍反复练习，用远多于一般学员的时间，详细琢磨设备构造和发动机的工作原理，并多次尝试排除设备系统故障，从而逐渐掌握了许多理论知识和实践技能。持之以恒的学习过程，使他对设备的感知度显著提升。

与此同时，石油勘探的大部队正在华北平原如火如荼地开展会战。顾心怿在结束了军工厂的实践培训后，重新返回工作岗位，开展井场设备维护工作。

在长时间、大跨度的勘探施工过程中，每当勘探井场出现设备故障时，大家总能见到顾心怿参与维修的忙碌身影。

有一年冬天，华北平原刚刚下过一场大雪，天气格外冷。正在施工的钻井队柴油机突然出了问题，钻井队值班干部只好通过调度向顾心怿求助。

当时，顾心怿在离井场五十公里外的地方，刚刚结束一天的繁忙工作，正在屋里吃着晚饭。听说井场的情况后，他马上放下手中的碗筷，准备动身往井场上赶。身旁有同事劝他："天都这么黑了，路上危险，等明天再去也不迟。"可顾心怿考虑到井场的故障大都比较紧急，便说："没事的，我年轻身体好，早点去处理完故障，省得井队职工着急。"

于是，顾心怿顾不上吃完晚饭，披上一件棉袄连夜就往井场赶。天寒地冻，道路上的雪还没有完全融化，寒风一吹，冷得刺骨。他深一脚浅一脚，一路跌跌撞撞地往前走，路上几次不小心摔倒，但他全不在意，翻身爬起后又开始匆匆赶路。顾心怿步行到达钻井队时，已是深夜十二点多了。井队工人见到顾心怿，像是盼来亲人一般，既兴奋又感动，感到终于有了主心骨。

顾心怿看出大家心中焦急，便顾不上擦去身上的泥雪，迅速投入到紧张的抢修工作中。他趴在设备上左听听右瞧瞧，用工具反复拆卸、组装，忙得满头大汗，寒风一吹，刺骨得凉。经过两个多小时的调试，他终于直起腰来对旁边的人说："发动一下试试看。"工人一启动，没想到，这台让众人一筹莫展的设备，又“突突突”地运转起来，井场的工人们见状兴奋不已。

这样的设备维修对于顾心怿而言已成为当时最重要的日常工作。无论哪个井队设备出现问题，只要顾心怿接到任务，总会在第一时间赶往现场。一段时期内，他长年奔波在山东、河南、河北的井队之间。

华北勘探处的油井大都位于偏远地区，道路曲折难行。在当时交通极为不便的情况下，顾心怿不怕苦累，少则一天徒步二三十公里，多则步行近五十公里赶赴钻井队。许多次，等他气喘吁吁赶到井场时，天色已晚，他却顾不上休息，立刻进入工作状态。许多在别人看来十分棘手的故障，顾心怿都能凭借过人的技术妥善修理好。井队工人对这位技术精湛的小伙子十分赞许，并对他寄予厚望。

顾心怿机械设备维修的精湛技术，来自他持续不断的学习和探索。久而久之，只要井上发生无法排除的重大机械故障，大伙总会不约而同地想到顾心怿。

有一次，一支钻井队的 B2-300 柴油机突然出现了故障，熟悉机械的技术人员查找故障原因后，调试了两天，依然没有进展。队长非常着急，便打算找顾心怿来试一试。

顾心怿那天正巧身体不舒服。但接到通知后，他依然第一时间出发，长途跋涉赶往井队。那一天，北方的太阳似乎特别毒辣，大地像是被烘烤一般，顾心怿一路汗流浃背地赶到井队现场，连水都没有顾得上喝一口，就径直去了施工场地。

井上几个技术工人眼巴巴看着匆匆赶来的顾心怿，现场一片寂静。顾心怿先是安静地观察了一会儿，然后在其他几位工人的配合下进行了一系列检测，终于找到了问题的根源。随后，他开始对设备进行调试。调试完毕，当工人再次尝试启动柴油机时，只见一阵轰鸣后，机器成功发动起来——故障解除了！工地上响起一阵欢呼声。

1959 年，由于顾心怿在技术现场出类拔萃的表现，年仅 22 岁的他被评为山东省青年社会主义建设积极分子，这是他人生中第一次获得省部级荣誉。如此年轻便获得这样高的褒奖，实属不易。

第七章

邂逅爱情

1959年，华北勘探处成立了机械修理车间(后改为机械修理厂)。车间内共有三十多名技术工人，共同承担华北勘探处所有的机械加工、汽车修理、钻机和发动机修理等任务。车间当时的负责人是抗日战争时期曾驰骋疆场的老八路张云。这是一位非常爱惜人才的领导，在得知顾心怿在机械方面有独特的天赋后，便设法把他从石油勘探处机关“挖”了过来。那时候，有工程师的单位非常少，技术员在一线十分抢手，而顾心怿又是技术人员中的佼佼者，先后在机械修理车间和作业现场处理了多起设备突发故障，逐渐成为小有名气的技术权威。

机械修理车间附近，有一家济南粮店。有一天，顾心怿工余时间路过这家粮店时随意走了进去，想看看里面码放的货物。而站在柜台后面的一位眉清目秀的姑娘却吸引住了他。姑娘声音甜美，举手投足十分得体。当姑娘问顾心怿要买什么时，他支支吾吾地搪塞着，心跳加速，脸颊发烫，一时竟紧张地回答不出来——这大概就是人们常说的“一见钟情”吧。

顾心怿当时还是个腼腆的大男孩，面对自己心仪的女孩子，一时找不到适合的表达方式，只是暗暗记住了女孩工牌上的名字——李巧云。

回到单位，李巧云的一颦一笑，一直都在顾心怿的脑海中萦绕。直觉告诉他，自己已经在心里面悄悄爱上了这个姑娘。因此，顾心怿思量着寻找适当的机会，向姑娘表达自己的爱慕之情。

顾心怿又接连去了几次粮店，可每次见到李巧云后，都感到十分羞涩。起初，李巧云感到这个小伙子挺可爱，每次同她聊天总是欲言又止的样子，然而次数多了，似乎也隐约感到他对自己有好感。尽管顾心怿在机械技术方面有过人的天赋，但在爱情方面，却表现得有些木讷和畏手畏脚。

单位里热心的同事帮他出主意，让他抓住时机，主动出击，才不至于被动。油田工作流动性强，如果这次不好好把握机会，恐怕以后就要错过了。

顾心怿又通过多方打听，了解到李巧云的老家在山东章丘，父亲在济南工作。李巧云比顾心怿小六岁，还是单身，是家中长女，共有兄弟姐妹四人。

在了解李巧云的基本情况后，顾心怿准备正式开始追求她，他想，既然不好当面说出来，不如就用文字向她表白。于是他终于下定决心给姑娘写了一封信，倾诉自己对姑娘的钟情之意。这是顾心怿第一次也是唯一一次写情书。他字斟句酌反反复复修改了许多遍，才终于写完这封情书。当他情真意切的文字几经辗转被悄悄递到李巧云手中时，李巧云脸红心跳。一段时间后，顾心怿又鼓起勇气约李巧云到大明湖畔散步聊天，两人聊人生理想，聊革命路线，愈聊愈投机。就这样，两个年轻人不知不觉地走到了一起。

李巧云的父母得知女儿在同一名石油工人恋爱时，他们表示坚决反对。那时候，油田给人的印象是一年四季在野外奔波，工作居无定所，生产条件非常艰苦。无论从哪个方面看，条件都很不理想。谁愿意把自家的女儿嫁去过苦日子呢？

虽然两人的感情起初没有得到李巧云父母的认同，但顾心怿没有轻言放弃。他准备登门拜访李巧云的父母。那个年代买不到像样的礼物，顾心怿便省吃俭用，用省出来的粮票买白面馒头当作礼物送到李巧云家中。尽管屡次吃到闭门羹，但顾心怿十分执着，默默用行动改变李巧云父母对他的看法。

看到小伙子如此痴情，而自己的女儿也对他情深意笃，李巧云的父母不禁动摇了。于是，便托人到顾心怿的单位打听他的情况。这才了解到，无论领导还是职工，对他的评价都很高。大家评价顾心怿“虽然在大城市里长大，却很能吃苦，爱钻研，技术强，有担当，有进取心”。单位同事的评价令李巧云的父母对顾心怿逐渐产生了些许好感。虽然李家原本是想给女儿找一个条件相对宽裕、可以过安稳生活的婆家——这对于爱女心切的父母而言是人之常情，但当了解了顾心怿的情况后，他们逐渐认可了两人的恋爱关系。

在那个自由恋爱还比较少有的年代，顾心怿敢于冲破世俗的藩篱，一心一意追求自己的真爱，足可见其过人的胆识和执着。

得到李巧云父母的许可，两人正式确立恋爱关系后，顾心怿给上海的父母写了一封信，告诉了他们自己和一位山东姑娘恋爱的消息。父母得知后很高兴，表示全力支持儿子的选择。他们回信说，要好好和女孩相处，要照顾好身体。只言片语，却让远离故乡的顾心怿感到无比温暖。

1961 年年初，东营勘探发现石油后，指挥部的领导希望顾心怿留在东营工作，与当地职工一起组建机修厂。面对领导的好意挽留，顾心怿心中多少有些迟疑——他担心这一走，同李巧云的恋情可能会受到影响。领导看出他有顾虑，便向他询问了情况。知道事情原委后，领导首先通过组织了解了李巧云的家庭情况，得知女孩家庭成分没问题后，便鼓励顾心怿好好珍惜这段缘分，尽快登记结婚。

得到领导的批准后，顾心怿立刻从东营生产现场赶回济南，计划与李巧云商量结婚的事宜。

虽然这令李巧云感觉有些唐突，但通过一段时期的交往，她认为顾心怿为人正直、善良，工作认真负责、积极进取，内心已对他十分认可。只是这样贸然提出结婚，父母是否能同意呢？李巧云感到有些担心。

顾心怿思前想后，决定鼓起勇气到李巧云家中登门提亲。李巧云的父亲虽然平时比较严肃，却是非常通情达理的人。虽然舍不得自己的女儿远嫁外地，但看到两个年轻人感情深厚，顾心怿为人朴实，对李巧云也是真心相待，于是便答应了他们的婚事。

当年5月，顾心怿在单位开了结婚证明，买了花生、瓜子、糖果，邀请了20多位工友聚到一起。就这样，在亲朋好友欢声笑语的祝福中，顾心怿与李巧云举行了简单而喜庆的婚礼，自此相伴一生。

与此同时，在他们即将前往生活数十年的东营，一场轰轰烈烈的石油勘探会战，正在黄河入海口全面展开。

第八章

艰难岁月

东营地处渤海之滨，位于山东省东北部、黄河入海口的三角洲地带。1960年，那里还只是广饶县辛店公社的一个小村子，当时大家都不曾想到，就是在这个小小的区域，一年后会发生翻天覆地的巨变。

1961年4月16日，在东营地区勘探的华八井，经监测发现了油气显示，自此拉开了这里的勘探会战序幕。

石油工业部迅速从大庆、江苏、湖北等地的各主力油田抽调部分队伍支援东营地区的油田建设。当时，那里被称为山东的“北大荒”——很多地方荒无人烟，一望无际的盐碱地上白茫茫一片，不见一棵庄稼的影子。

顾心怿从济南来到东营时，走在盐碱滩上，感觉这里的风格外大，而且比当初在大西北的风还要硬得多。大风刮来，人独自走在这茫茫的荒原，极容易迷失方向。他回忆道：“因为靠近大海，这里一年四季似乎总有刮不完的大风。若是顺风行走，人基本不用费劲，大风就推着你往前轻飘飘地跑；若是逆风而行，那就比较困难了，要躬着身体往前进，有时好不容易进一步，又被大风刮着退回两步。”

从全国各油田抽调的大部队到达这里时正值三年困难时期，全国各地群众的生活都很困难，东营地区的生活更是捉襟见肘。当地老百姓住的都是土房屋，又矮又潮湿，因为缺少粮食，经常要靠野菜和草籽充饥。各油田来的支援队伍，从领导小组成员到普通工人，都分散借宿在东营、西营等村中老乡的泥巴房及马棚、牛棚里。即便如此，随着前来支援的工人越来越多，许多工人依然无法安置，油田只得安排他们住在附近村民家废弃的羊圈、猪圈里。

冬天的晚上，参加会战的工人挤在一个棚子里睡觉，墙壁四面透风，西北风夹着雨雪直往被子里灌，冻得人瑟瑟发抖。吃不好睡不安，日常工作量却很大，许多人得了水肿病。到了夏天，北方的气候变化无常，阴雨天气屋外下起瓢泼大雨时，屋里则淅淅沥沥下起小雨。每当此时，大伙儿便七手八脚找一些盆盆罐罐接雨水。随着雨水“叮叮咚咚”敲打盆罐的节奏声，有的职工用筷子边敲打饭盒，边哼起小曲，大家一起苦中作乐。没有干净的饮用水，他们就收集流在坑里的雨水。这水又咸又涩，经过沉淀后依然浑浊不堪，煮开后表面还漂着许多小虫，他们只得简单用纱布过滤一下，再沉淀后，才硬着头皮喝下。即便在如此艰苦的环境中，顾心怿和同事们依然坚持奋战在生产一线，哪里的井队设备需要维修，他们就会尽快赶赴哪里。修理钻机、发动机，制作固井和试油用的各种配件……他们一次次出色地完成了抢修任务。

工作调动到东营地区之前，顾心怿曾跟随单位领导参加大庆石油会战万人誓师大会。大会主席台设在露天旷野中临时搭建的平台上，近万名干部工人参加此次大会，场面壮观，盛况空前。会上，王进喜作现场发言。这是顾心怿第一次见到王进喜，只见他用浓重的西北口音说道：“……环境再苦，有条件要上，没有条件也要上！”(后来被总结为“有条件要上，没有条件创造条件也要上”。)王进喜个头虽然不高，声音却非常洪亮，让顾心怿感到很震撼。他想，这才是当代石油工人楷模。

与大庆油田相似，东营地区的生产条件也非常艰苦，但是奋战在这里的石油工人积极发挥“有条件要上，没有条件创造条件也要上”的会战精神，勘探方面每天都不断有新的发现和进展。

东营地区地下与地面情况都十分复杂，勘探开发的难度远超当时人们的想象。然而，参与会战的工人们仍然做到了井位定在哪里，钻机就打到哪里，后勤保障就跟进到哪里。设备连轴转，人歇机不歇，现场机器出现大大小小的故障已是常态，机械维修技术人员随时处于蓄势待发的紧张状态——一旦接到抢修任务，即便是正在吃饭、睡觉，他们都必须毫不迟疑地第一时间赶赴事故现场。顾心怿回忆道："那时候的人们只有一个朴素的想法，就是齐心协力、千方百计保上产，多产石油才能多为国家做贡献。"

会战进入白热化阶段时，现场粮食短缺，为了坚持劳动生产，顾心怿和同事们不得不用棉籽饼充饥，"咬一口，喇得嗓子疼，吃得两耳直发鸣。"这在今天看来让人难以置信的伙食，却成为那时候奋战在生产一线石油工人赖以生存的口粮。有的工人因营养不良虚脱了，还有一些人实在难以忍受这份辛苦，便擅自脱离岗位回老家去了。发现油田队伍开始出现不稳定的苗头后，指挥刘南很快赶到现场，做职工的思想工作。他苦口婆心地对石油工人讲："国家和油田困难只是暂时的，请大家相信，我们离大海近，将来发展只会越来越好，有鱼有虾吃，同志们一定要有信心！"

虽然顾心怿小时候家庭条件并不宽裕，可像眼下如此困难的境况，还从未经历过。有一次，顾心怿从井场下班回到基地时已经很晚了，食堂的饭所剩无几。这时，他看见一位女同事刚吃完饭，把剥下的地瓜皮放在餐桌上便离开了食堂。饥饿难耐的顾心怿看四下无人，便顾不上面子，赶紧跑过去捡起地瓜皮吃了起来。没想到正吃着，出门不久的女同事返回来找自己落下的东西，刚好看到眼前这一幕，两人一时间都尴尬地不知说什么才好。过了一会儿，女同事见顾心怿一脸窘迫，便冲他笑笑，从口袋里掏出饭票匀了一些给顾心怿。顾心怿反复推辞，可女同事坚持称自己饭量小、粮票用不完，最终硬塞给顾心怿后便离开了。

然而，就是在这样极其艰苦的岁月里，对石油事业的奉献精神和对未来的憧憬，成为支撑石油工人持续奋斗和前进的动力。顾心怿坚持与工人们一起搞技术革新，先后成功试制出了第一个 500 米钻头和第一个1000米钻头。

婚后的顾心怿在东营工作一段时间后，妻子李巧云风便从数百公里外的济南赶来看望他。到达东营之前，在李巧云心里，偌大的油田基地应该是一个像模像样的工厂。然而，到达东营后，李巧云看到的却是一幅荒凉的景象：这哪里是工厂啊，连个围墙都没有！一望无际的白茫茫盐碱滩上，寒风瑟瑟，芦苇枯黄，唯有抽油机和钻井架随处可见。在机器的轰鸣声中，浑身油泥的油田工人成群结队地在荒野的钻井架和抽油机旁忙前忙后。望着眼前的一切，李巧云忍不住落下泪来。

在东营生活的一段时间里，她看见丈夫一天到晚在井队上忙碌，有时不得不步行几十公里上井场维修机器设备，衣服脏了没时间洗，赶不上饭点就啃冷冰冰的窝头，感到十分心疼。她对顾心怿说："既然你不愿意离开这里，那我就调过来吧，这样也方便照顾你的生活。"顾心怿嘴上答应下来，心中却是百感交集。那时候，调动工作并非易事，而且李巧云属于从地方转调企业，人事档案调动难度更大。因此，她干脆辞掉了济南的工作，到油田当起了"合同工"。当时油田没有现成的房子住，他们夫妻两人只能暂时分居。

1962年9月23日，位于东营地区的营2井突然发生井喷，井队只能紧急组织实施放喷措施。然而，这是一口高产井，日喷原油约五百吨。放喷时，油气压力非常大，原油溢向四野，遍布沟壑。如果现场稍不留神碰出火星，场面便有失控风险，地下窜出的"油龙"会如火山喷发一般，让整个井场周围瞬间化为乌有。紧张的气氛让人喘不过气来，顾心怿和工人们浑身上下都是油泥，小心翼翼地用铁锹围土堰拦截原油，干部职工一起挥汗如雨，齐心协力奋战了一整天，才终于化险为夷。顾心怿与大家一起经历了一场生死考验。

在前线生产调度室召开各路生产协调会时，华东石油勘探局局长刘南及时赶到了现场。他向大家分析了油田当前的勘探形势，又专门做了具体的工作部署。刘南作风扎实，工作节奏很快，在下达完工作要求后，向大家传达了一个好消息：石油工业部决定拨款在东营建设一部分房屋，解决会战时期部分工人的居住问题。

同样是在这一年，东营地区的石油工人们经过饥饿的煎熬和会战的洗礼，初步打开了勘探局面。顾心怿也在工作中不负众望，以出色的工作表现和工作业绩，接连获评机械厂先进工作者、东营指挥部先进工作者、华东石油勘探局先进工作者和上海市工业先进工作者等荣誉。离开家乡多年的顾心怿，在1962年年底出席了上海市群英会，这令家人感觉到十分惊喜——在外工作这么多年，他竟然获得了家乡的荣誉！

1963年，油田开始考虑为即将组建的机械修理厂选址，并将这个任务交给了顾心怿。由于油田设备分散在荒郊野外的各个钻井队，而钻井队又是流动的队伍，因此，机械厂只能选择一个相对适中的位置，这样既方便附近单位的设备维修和更换，又能确保原材料运输便捷。

前期，顾心怿带着几个同事跑现场，沿东营村一直往南找场地。他们一路用木杆作标记，寻找到了一处地势比较高、附近有水源的地方，并在那里搭建起六顶帐篷，将车床等机械设备全部放置在帐蓬内。由于没有水泥，他们只能用方木固定机器，然后从外地买来砖头、瓦块，压实油毡纸作为帐顶。他们就这样在没有条件的境况下，自己创造条件，在盐碱地上搭建起了“厂房”。这间看起来比钻井工人野外露天作业条件好得多的“厂房”，终于可以让机械修理厂的工人不再经受风吹雨打之苦。

顾心怿在一线忙碌工作，妻子李巧云在基地照顾他的起居，生活虽然艰苦，却也幸福和美。1963 年 9 月，顾心怿的大女儿出生，取名顾秋红。孩子的出生给这个年轻的家庭带来了新的欢乐，只是顾心怿在繁重的工作之余，却没有多少时间和精力去照顾妻子和女儿。他虽品尝到了初为人父的欣喜，却在经历短暂的欢喜后，又重新投入到科研项目中。

1964 年春天，河流的冰还未完全解冻，东营地区石油勘探等级持续提升，大家参与勘探会战的热情也逐渐高涨起来。为适应东营地区大规模石油勘探会战的需要，石油工业部正式组建华北石油勘探会战指挥部，钻井队迅速增加到 15 个，原油生产建设已经初具规模。

顾心怿总能在油田生产建设的关键时刻，展露出他过人的技术才能。会战刚开始不久，东营地区打出了第一口千吨井——坨 7 井。准备放喷时，单位接到上级通知：第二天石油工业部领导要带领相关部门负责人到井场参观，准备召开现场庆祝大会。而偏偏这个时候，井上突然遇到了麻烦——井口流量计压力表接口出现了问题，油井生产不得已暂时停了下来。

怎么办？队干部急得团团转："石油工业部的领导马上就要来现场参加庆祝活动了，在这个节骨眼上出现问题，这份责任谁承担得起？可千吨井井口压力相当大，安全风险等级高，稍有不慎就容易酿成重大事故。如果因为强制生产而出现安全事故，这责任谁又负担得了？"情急之下，队长赶紧让人找顾心怿帮助解决困难。

顾心怿接到通知后，立即匆匆赶到井场。他小心翼翼地测量了井口尺寸，马上在现场绘出图纸，交给负责人组织人员连夜加工、制作、安装压力表接箍，这才终于重新启动了坨 7 井的生产设备。等做完这一系列工作时，离召开庆祝大会只有不到八个小时了。队长拉着顾心怿的手，一时感激得不知说什么好——现场人人都知道这口高产油井的重要性，如果没有顾心怿救场，将很难保证油井顺利放喷，庆祝大会更是无法如期召开。

这一年，石油工业部首次批准了华北石油勘探指挥部七个工程师名额，顾心怿名列其中，成为第一批石油机械工程师之一。在那个专业技术人员十分稀缺的年代，“工程师”成为技术序列中“含金量”很高的职务。顾心怿感受到了组织对自己的信任和鼓励。

华北勘探处的第一口勘探井，第一口出油井，第一口千吨井……每一口都留有顾心怿的足迹；他一次次见证并参与了胜利油田初期勘探的许多个“第一”。彼时的顾心怿踌躇满志，抱定自己在科技的道路上要创造更多个“第一”的信念，一步一个脚印地向既定目标不断追求。

1964 年 8 月，胜利油田刚成立的试采指挥部亟需补充一名机械技术人员，顾心怿因此又被组织部门从机械修理厂调到试采指挥部。

油田试采指挥部简易工房周围地势低洼，“晴天白茫茫，雨天水汪汪”。油井大都分散在永安、胜坨一带，自然环境异常恶劣，交通条件也很差，技术人员去井上维修设备，不仅要徒步前行，很多时候还要蹚过一道道水洼，才能抵达现场。

1965 年，石油工业部分别从大庆、玉门、新疆、四川等地的油田抽调大批钻井人员会师东营，华北石油勘探会战总指挥部成立了九二三厂钻井指挥部，钻井队增加到 40 个。东营会战取得胜利后，又在“通、王、惠(即通滨-王家岗-惠民)”组织了大规模的石油勘探会战。这次会战对于扩大勘探成果，打开华东“战区”新局面具有重要意义。会战工委十分重视，石油工业部副部长康世恩亲自坐镇指挥，要求“会战一百天，全力拿下大油田”。

这一年，胜利油田试采指挥部实行组合分离，分别成立了井下作业处和采油指挥部，顾心怿被分配到采油指挥部刚成立的技术攻关队，从此正式进入油田科研系统从事研究工作。年底，顾心怿又被采油指挥部任命为技术攻关队队长，程学文任技术攻关队的政治指导员。技术攻关队由分配来的大学生、油田技术人员和工人组成，共有近三十人。顾心怿责无旁贷担负起这支队伍的组织管理工作。

同样是在这一年，顾心怿终于分到了一间属于自己的不到15平方米的简易房，和妻子有了相对独立的生活空间。简易房的条件看起来十分寒酸，室内地面没有任何铺设，光溜溜的泥土地上泛着一层白花花的盐碱，地面上还有零零星星的小草露出头来。家庭摆设也十分简单，两把长条凳子架起木板就是一张床铺，旧箱子用砖垫一垫就可以当桌子用。即便如此，这仍然让顾心怿和妻子感到幸福与满足——他们终于有了自己真正意义上的家。直到现在，顾心怿依然认为那次分房，是他迄今为止最值得纪念的一次。

解决了住房的后顾之忧后，顾心怿愈发全身心投入到技术攻关中，团队在他的带领下，围绕油田创业时期的生产技术难题，组织展开课题攻关，有效解决了当时许多急难险重问题。针对集油站工人每天罐上罐下测量液面，工作十分繁重的情况，顾心怿组织技术人员，运用气动单元组合仪表调节炉子温度，运用气动仪表控制液面，使值班工人不必再爬到油罐顶上测量原油数据，有效降低了工人的劳动强度。

第九章

出师不利

走在胜利油田广袤的原野上，随处可见游梁式抽油机的驴头上下起伏，有节奏地运动着。远远望去，俨然成为油田一道独特的风景线。20 世纪 60 年代，胜利油田使用的抽油机几乎全是游梁式设计，通过不停地上下摆动带动井下的抽油泵运转，因此，人们形象地称它为“磕头机”。正是这些抽油机昼夜不息地作业，才将地下的石油汇聚到地面上来，为祖国的能源事业增添了源源不断的动力。

顾心怿通过观察发现，抽油机的外形貌似简单，无论风霜雨雪还是严寒酷暑，不需要工人全天候值守，便能不知疲倦地日夜连续运转，但事实上，它们的负载变化很大，而且行程长度都是固定的。“驴头”上行时载荷很重，下行时却是负载荷，上、下不断变换，每天需变换万次以上。因此，“磕头机”具有消耗电能大、负载能力较小且比较笨重等缺点。油田很多技术人员也发现了这个问题，许多人跃跃欲试，想发明一款更先进的抽油机来替代这一产品。但几经尝试，却都未能如愿。

在机械设计领域里，改进与创新，并非是仅仅依靠满腔热情就能达到的结果。作为一名油田基层科技工作者，顾心怿的优势不单单是能够发现设备存在的缺陷，更重要的是他在长期的一线实践中摸索出了导致问题的原因，因而在寻求解决问题的办法时有迹可循。

顾心怿已经记不清自己往井场跑了多少趟，每一次近距离观察油井现场，都对游梁式抽油机有了更细致的认知。他认为，要彻底改变这种沿用上百年机器的结构和性能，不仅要对设备的工作效能进行全方位的盘查，还要对设备的工作环境进行透彻的分析，只有这样，才能有的放矢地找到设备的“病灶”，从根本上解决问题。

1966 年年初，顾心怿萌发了重新研制一款新型抽油机的想法，这也是建立在他反复思考和实践基础上的大胆设想。他将自己的想法告诉了技术攻关队的成员，大家听后都很亢奋，纷纷表示可以一试。

当时，胜利油田副指挥刘佩荣曾在一些公开场合提到，部分抽油机运行过程存在问题，一定程度上阻碍了油田的生产发展，并鼓励技术人员广开思路，多做改进游梁式抽油机的技术工作，使其冲程长一些，从而多产出一些原油。

现实需要与顾心怿的想法不谋而合。有胜利油田领导的大力支持，技术攻关队成员的共同努力，顾心怿感到心中更有底了。他很快就组织攻关队的年轻人开始编制方案、绘制图纸……他们一遍遍往返井场核对数据，夜以继日地反复修改草图，一起讨论方案完善意见，仔细查找阅读相关资料……

功夫不负有心人，经过技术攻关队成员不知多少个日夜的奋战，顾心怿终于带领大家设计完成了第一台绞车滚筒式抽油机。

但是现场试验效果如何呢？还需要经过实地检验，才能得出结论。

第二天，顾心怿通过调度安排车辆，将设备模型运送到试验现场，采油队工人兴高采烈地围在井场上等待设备运行。可谁知设备刚一开机，只听“噗通”一声，便停止运转了。周围看热闹的人群一片骚动，甚至还传出了嘲笑声。技术攻关队的队员们见状面面相觑，不知如何是好。

顾心怿更是一头雾水。想到攻关队的成员们陪自己一起白白辛苦了这么多天，他回到实验室里，沮丧得默默流下眼泪。

接下来的很长一段时间里，顾心怿都感到苦闷彷徨、精神不振，一度对自己的技术能力产生了质疑。这一状况被现场的一位老工人看在眼里。他对顾心怿说：“小伙子，干事情哪有不出差错的？我们工人在井上还经常磕磕碰碰的呢。你干的是大事，别怕出问题！”

老师傅一番质朴的话语让顾心怿感到稍许安慰。作为项目的发起者和组织者，他意识到自己的言行对他人的影响是很大的，如果自己先泄气了，其他人该怎么办？不能仅仅因为一两次失败，就这么一蹶不振！顾心怿的目光长久地落在散乱的图纸上，他使劲摇摇头："决不能这样轻易言败。尽管承担这项工作有很大的风险和压力，但无论如何都要打起精神来继续做下去。一条路走不通，再找其他的路，'条条大路通罗马'，只要坚持下去，总能到达目的地。"

于是，他又重新振作起来，一方面，他一遍遍查看模型存在的问题，认真分析失败的原因，反复修改图纸；另一方面，继续凝聚群众的智慧，认真听取经验丰富的老师傅的意见，并及时将自己的想法与大家一起交流。

一个星期天的早上，天还没亮，顾心怿顾不上吃早饭就去了办公室。李巧云知道，他肯定又在一边啃着干粮一边画图——这是他多年养成的老习惯了。虽然有点怨他不顾家，但李巧云心里更多的还是对丈夫的牵挂和心疼。于是，这一天，李巧云上午忙完家务、料理好孩子后便开始着手做午饭。她在锅里贴上黄澄澄的玉米饼子，还破例炒了两个青菜。一切就绪后，她将饭菜摆放在简陋的小圆桌上，耐心地等待顾心怿回家。

从中午十一点一直等到下午一点多，时间一分一秒地过去，等得饭菜都凉透了，却迟迟不见顾心怿回家。女儿顾秋红实在饿极了，伸出小手抓了好几次玉米饼子，都被母亲打了回去，后来索性等不及，趴在桌上睡着了。李巧云连忙把孩子抱到床上，这时候，顾心怿才满脸疲惫地回到家中。可是坐在饭桌前，他却不动手吃饭，只是呆呆地看着玉米饼子。突然，他两眼放光，用筷子插起其中一块仔细观察，并且比比画画，口中也小声念叨着什么。李巧云看到他出神的样子，感到又好气又好笑，一把夺过顾心怿手中的饼子，"你这个人是中了什么邪？"她边说着边把饼子塞到他口中，"快吃饭!”顾心怿这才回过神来，直说“好吃，好吃!”妻子见状，忍不住笑出声来——原来顾心怿是把玉米饼当作抽油机的驴头，在思考改进技术呢!

就这样，顾心怿为了研究抽油机的改进方案，几乎达到了物我两忘的境界。他把生产现场当作石油工程科学技术的第一实验室，反复进行设想构思、模型试验、参数优选……同时，他还特别注重向有经验的现场工人学习。有一次，顾心怿同几位工人聚在一起聊天，有位老师傅无意中说道：“我们农村老家用解放式水车抽水，水车能下到井里抽水，但就是不能下到井里抽油。”说者无意，听者有心。就在旁人取笑这位老师傅异想天开时，顾心怿却感到眼前一亮，仿佛突然找到了灵感。

顾心怿尽管没在农村生活过，可他小时候却在南方见过老师傅说的这种水车，水车链节在链条轨道上，运行时不断地上下自动转向，和他们设计的绞车滚筒式抽油机有相似之处。想到这里，顾心怿感到茅塞顿开。

在不久后的技术攻关队集体讨论会上，顾心怿提出，能否将解放式水车的结构改进后，应用到地面上的抽油机中。大伙各抒己见，进行了热烈的讨论。就这样，初步形成了链条式抽油机的设计方案。

4 月的北方大地本应春暖花开，而东营盐碱滩上依旧风沙漫漫。顾心怿带领团队成员将一台刚刚设计好的链条抽油机安装在营 1 井上进行运行试验。当时，由于这台抽油机的外观是一根销子横跨在两根链条上，看来显得比较笨拙，大伙戏称其为“二牛抬杠”。

随着抽油机的运转，油井开始缓缓出油，现场职工的情绪也越来越高涨。然而，仅仅在这台设备运行三天后，钢丝绳便断裂了，更换完钢丝绳，设备又继续运行了不到两周，便再次因链条和销子相继损坏而彻底宣告报废。接二连三的打击，让顾心怿陷入更深的苦恼和反思之中。

通过反复检查和思考，顾心怿发现了这台试验设备测试性能的缺陷，并初步提出了改进后的链条式抽油机工作原理。正当他再次鼓起勇气准备继续开展链条式抽油机设计试验时，世间风云突变，1966 年 7 月，“文化大革命”波及胜利油田。正在苦思冥想进行项目革新的顾心怿被“造反派”剥夺了开展技术研究的权利，链条式抽油机革新项目被迫中断。

在此期间，相比于之前夜以继日的忙碌，顾心怿有了更多的空闲时间。他没有因此消沉，而是借来大量书籍、资料，白天学习，晚上在家中继续研究改进链条式抽油机。很多工友感到不解：“都什么年代了，大家都在抓革命促生产，谁还看书呀？”可顾心怿不在意别人怎么说，他认定知识是不会浪费的，自己要有屡败屡战的精神，继续开展科研攻关。

终于，到了“文化大革命”后期，胜利油田的生产建设逐渐恢复，顾心怿重新走上科研工作岗位。他愈发如饥似渴地投入到链条式抽油机的研究工作中，一度到了废寝忘食的程度。

有一次，妻子李巧云周末倒班不在家，便嘱咐顾心怿在家照顾当时年仅 4 岁的儿子顾小勇。顾心怿让儿子在一旁玩耍，自己又开始埋头研究设计图纸。顾小勇顺手拿起母亲放在不远处的缝衣针，淘气地放在爸爸嘴边。正在全神贯注画图的顾心怿毫无防备地张开嘴，一口将缝衣针吞了下去。待感到腹中疼痛时，才意识到居然发生了如此危险的事情。他连忙赶去医院，医生检查后发现了他腹中的缝衣针，建议他先吃些粗纤维的食物，如果次日不能将针排泄出去的话，再考虑手术。直到第二天缝衣针被排出体外，一家人悬着的心才终于落地。

这一场虚惊自然不会打消顾心怿改进抽油机的积极性。他继续在解放式水车原理的启发下试制链条式抽油机样机。反复试验后，他将抽油机链条换向改为轨迹链条-滑道机构，又将重块平衡改为液封气动平衡，实现了这两处核心改造后，链条式抽油机整体性能得到了显著提升。

1973 年，胜利油田研究所成立，链条式抽油机研究重新立项。此时，顾心怿对链条式抽油机的改造设计已基本完成。又经过两年的试验和完善，设备完成了初步鉴定——由我国科研人员独立设计发明的链条式抽油机在油田成功应用！这项成果于 1978 年获得全国科学大会奖，于 1980 年获得国家发明奖二等奖。在此后的数十年里，这一设备在油田得到了广泛应用，创造经济效益达数亿元。

美国《世界石油》杂志曾在一篇文章中写道："在胜利油田，我们惊奇地看到了中国工程师自主设计的链条式抽油机。"后来，美国也引进了这一设备，并以此为基础同中国建立了合资公司。仅对这一设备稍加改进后生产而成的抽油机，在国内外油田的应用量便已达数万台。

第十章
援助国外

1969年4月的一天，胜利油田军宣队的一位同事突然找到顾心怿，气喘吁吁地告诉他，刚接到石油工业部军事管制委员会(简称军管委)的通知，要求顾心怿尽快动身去北京，但至于具体什么事情，他也不太清楚。

顾心怿心里有些纳闷，自己一直在安分地接受“改造”，并没有做任何出格的事情，怎么会忽然被军管委盯上呢？在这个特殊的时期，他感到有些惴惴不安。尽管如此，顾心怿还是根据军管委的要求赶到了北京。没想到负责接待的工作人员很热情地将他带到办公室，和颜悦色地告诉他，受社会主义国家阿尔巴尼亚的邀请，石油工业部准备组织钻井取芯工具专家组前去技术援助。军管委从年龄、专业、政治面貌、婚姻状况等各方面进行了层层筛选，认为顾心怿年轻、是共产党员，在校期间学过机械专业，又懂俄语，在取芯工作方面有自己独到的研究成果，十分符合外援要求。因此，计划安排顾心怿和另外两名技术人员组成专家小分队，前往阿尔巴尼亚帮助其解决技术难题，培养专业人才，进而增进其与中国的友谊。

同年8月，顾心怿在接受了短期的外事纪律培训后，准备踏上前往阿尔巴尼亚的征程。能够作为油田第一批专家走出国门实施技术援助，这是他此前不曾想到的。想想十余年前，自己还曾作为翻译为来华的苏联专家服务，而如今却要代表祖国去援助其他国家，因为这种跨越而产生的民族自豪感不言而喻。

临行前，军管委给小分队的三位专家各自购置了两套服装。顾心怿的妹夫王国丙在辽河油田担任技术干部，当时恰巧也在北京。听说姐夫准备出国，便专程赶来送行，并把自己的手表送给了顾心怿，希望他能够更好地展现中国技术专家形象。

挥手告别前来送行的亲朋好友，他们一行三人登上了前往阿尔巴尼亚的飞机。由于当时中国还没有自己的国际航班，顾心怿当时搭乘的是法国的航班，起飞前，乘务人员用英语介绍注意事项。由于顾心怿不懂英语，在旁边乘客的多次帮助下，他才按照要求系好了安全带。这小小的插曲让顾心怿印象深刻。

抵达阿尔巴尼亚后，对方非常热情地接待了他们，将三人安排在斯大林城。这是阿尔巴尼亚著名的石油城市，当时有8000余名石油工人。在当地两名专家的陪同下，顾心怿很快适应了作息时间，投入到科研技术工作中。

阿尔巴尼亚国土面积约28748平方公里，但生产油井大都分布在崇山峻岭之中。为取全取准生产资料，顾心怿和其他两位专家经常要翻山越岭到现场实地勘察。他们耗时一个多月，终于完成了阿尔巴尼亚国内油井的资料收集工作，并结合当地地质条件、生产状况，设计出了相应的取芯工具。生产制作该工具的过程中，由于当地原材料紧缺，施工进度延缓，他们不辞辛劳地前往阿尔巴尼亚多地寻找合金钢及轴承等，克服重重困难后，终于制造完成了这台取芯设备。在随后的首次现场试验中，这台设备居然达到了取芯率百分之百的效果。这令现场的阿尔巴尼亚工作人员佩服有加——他们久攻不下的技术难题，终于在顾心怿等三位中方专家的努力下顺利破解了！

当年9月底，顾心怿三人按照要求前往阿尔巴尼亚首都地拉那，向那里的中国驻阿尔巴尼亚大使耿飚将军汇报工作。在异国见到同胞，大家感到十分亲切，兴高采烈地一起谈论各种见闻。耿飚将军非常平易近人，高兴地对他们说："听说你们的成果和事迹都被登上阿尔巴尼亚的报纸和内参了，不简单呀！祝贺你们为国争光！"耿飚随后又询问了他们在国外生活是否习惯等问题，并鼓励他们再接再厉，争取半年之内再完成一个项目，为社会主义国家提振士气。

两个多月后，顾心怿他们不负众望，再次研制出一套长筒取芯工具，在当地深筒井上的试验运用一举获得成功。在生产现场，阿尔巴尼亚工矿部部长夸赞中方专家精湛的技术水平让人佩服，攻坚克难的奉献精神值得学习，感谢他们为阿尔巴尼亚的石油生产解决了大难题。顾心怿知道，这份赞誉，属于祖国！

在阿尔巴尼亚工作的九个月里，他们原计划只完成一套取芯工具的设计生产任务，但在阿尔巴尼亚方的恳请下，顾心怿和其他两位专家却为他们成功设计制造出了三套适合不同条件下应用的大直径取芯工具，完成了多项井上设备试验。他们设计研制的取芯工具，被阿尔巴尼亚命名为“友谊牌”取芯工具，以此纪念中阿两国的社会主义革命友谊。

回国前夕，顾心怿没有时间给家人购买太多礼物，除去给妹夫买了一块手表外，仅给妻子买了一点布料和肥皂，给儿子买了一只彩色皮球。顾心怿感觉有些亏欠儿子，回国后没多久，他专门在工厂找来废弃的链条片，为儿子制作了一副望远镜作为弥补，并想借此机会教育儿子动手能力的重要性。当他把做好的望远镜交到孩子手中时，小家伙高兴得又蹦又跳。

从阿尔巴尼亚回国后，顾心怿的处境发生了很大的变化。有些曾经批斗他的人，再见面时态度缓和了许多。即使有些“造反派”还想无故找他的问题，单位军宣队的同志也会出面解释：“顾心怿没有问题，他响应毛主席的号召，抓革命，促生产。他是国家培养的专家，如果有问题，石油工业部怎么会让他去欧洲开展技术援助呢？”一席话让“造反派”顿时哑口无言。

这种转变，使顾心怿得以排除外界干扰，将更多的时间、精力用来学习和钻研。当时的胜利油田仅在地质院有一座科技图书馆。顾心怿在那里办了一张借书证，一有空闲便前去读书学习，仅在这一家图书馆借阅的图书便达260余册。他将汲取知识作为终生锲而不舍的追求，并为此付出了常人难以想象的努力，苦中寻乐，向着探知科研技术的山峰不断攀登。

在此期间，顾心怿每当想起在飞机上因不懂英语而发生的“小插曲”，都觉得十分尴尬。他意识到，英语未来在国际交流中将扮演越来越重要的角色，因此，下定决心自学英语。他开始四处托人帮助购买英语教材，然而，由于当时全国尚处于“文化大革命”期间，文化产品十分紧缺，书店中难以买到这方面的教材。直到后来他有一次到北京出差，空余时间去逛旧书店时，意外发现了一套寻找了很久的英语教材，他如获至宝，高兴地买了书，然后又买了几张英语唱片。回家后，他向朋友借来留声机，一有时间就反复播放英语唱片，根据音节反复练习发音。他还将英语单词记录在随身携带的小卡片上，候车、走路、排队时，一有空闲就掏出来看看，巩固记忆。就这样，日积月累，顾心怿的口语水平和阅读能力都得到了显著提升。

1982年，胜利油田晋升第一批高级工程师，按照国家规定，顾心怿作为进修过俄语且有大专文凭的技术人员，不需要参加英语等级考试。但他为了检验自己的英语水平，坚持报名参加了考试。那时，国家刚恢复高考不久，与顾心怿同龄的技术人员大都受“文化大革命”影响而荒废了学业，考试成绩普遍不太理想，而顾心怿却取得了90分的高分，在胜利油田全体考生中位列第二，顺利晋升为胜利油田第一批高级工程师。

随着后来出国考察的机会增多，顾心怿愈发注重通过各种涉外交流的机会提升英语水平，听、说、读、写能力不断提升。

有一次出国开展技术交流时，他没有带随身翻译。外方讲解员语速很快，但他还是能抓住空隙，用英语提出自己对问题的看法，并流利地同外方交流。当对方有人说错了技术性较强的专业词语时，他还能迅速用英语进行纠正。这让对方很是惊讶：这个看起来貌不惊人的中国技术人员，不仅专业实力过硬，英语口语表达竟也能如此地道流利。外方许多专家对顾心怿心生钦佩，多次向他竖起大拇指。

后来，顾心怿还曾在北京召开的亚太地区海洋工程国际会议上，用英语流利地宣读自己的技术论文，并游刃有余地与国外专家交流讨论专业技术问题。

第十一章

走向蔚蓝

大海是勇者的战场。她波涛汹涌的体内蕴含了丰富的资源，等待人类去发现，去开发，去延续一个新的梦想。

其实，早在19世纪90年代，人们就开始在沼泽地带寻找石油了。后来，随着科学技术的发展，石油勘探活动开始由沼泽移至河流入海口和海湾地带。

1963年，海洋地质学家通过国家海洋科学考察，大胆推断："中国是世界上最宽的陆棚区之一。"20世纪70年代，我国正式开始对南中国海进行石油勘探开发。胜利油田东临渤海湾，沿海滩涂面积达五千多平方公里，陆地连接海洋，地质学家分析认为，渤海海域同样有油气分布。因此，胜利油田准备组织物探力量向浅海进军。

1974年11月的一个晚上，石油工业部会议室灯火通明，余秋里、唐克等领导正在聚精会神地听取胜利油田会战指挥部副指挥姚福林"关于渤海湾极浅海和浅海石油勘探前景评估方案"的汇报。汇报结束后，余秋里就关心的问题进行了提问，姚福林逐一作答。最终，余秋里满意地点点头，认可了勘探开发渤海湾的方案。

回到东营后，姚福林立刻召集人员开会研究部署相关工作，顾心怿作为钻井工艺研究院的专家也参加了会议。会上，他笃定地表示，海上勘探风险巨大，需要他们不断革新技术装备，才能以较小的代价换取更大的效益。

此次会议后，胜利油田决策层把勘探开发的目光投向广阔的沿海和浅滩，这是一片当时的采油设备还无法涉足的"禁地"。由于没有先进的浅海钻井装备，钻井人员只得将设备移位到尽量靠近大海的区域，然后再组织钻探队伍打井。

然而，一次突然登陆的风暴潮，让胜利石油人领略到了大海的凶悍。那一天，汹涌的海水瞬间淹没了大片井场，钻井工作被迫停止，为了保障工人生命安全，井队干部指挥现场员工迅速爬上井架，集体躲避海潮的袭击。即便如此，这次突如其来的天灾仍旧使油田遭受了重大损失。

海滩和浅海与陆地差别很大，沿用原来的勘探开发理念显然是行不通的。不甘心向大自然屈服的石油工人因此又开始了新的抗争——修筑海堤。海堤挡住了潮水，像凸起的利剑一样延伸进浅海区域。这些探进浅海的“利剑”，被油田工人称为“桩”。

1974 年年末，胜利油田钻井公司厉兵秣马，在黄河口以北的“五号桩”地区海边一带展开滚动勘探，成功获得工业油流。渤海海域有油气分布的理论因此得到了印证。

捷报传来，鼓舞人心。胜利油田开始修筑更多的堤坝，以扩展勘探面积。然而这种办法只能用于潮汐区域，一旦涉及海区则不再适用。且修筑堤坝需要耗费大量人力财力，难以长期满足浅海勘探开发需求。半潜式、自升式钻井船受吃水限制无法作业，陆上钻机不能进入海上区域。重重阻力面前，胜利石油人如何才能更好地进入渤海湾地区进行勘探开发呢？

这一时期，顾心怿在新组建不久的胜利油田勘探开发工艺研究所(后改为钻井工艺研究院)任矿机研究室主任，他的链条式抽油机项目已基本完成。听到关于海上勘探开发的消息后，他决定找机会到现场去看一看。

1975 年年初的一天，顾心怿搭上了一辆去海堤工地的汽车。沿途穿过孤岛油田后，前方是一望无际的原野，只有一条土路和重重叠叠的车撤延伸到堤坝，在那里依稀可以看见有密密麻麻的人群在劳作。车在弯曲的土路上又颠簸了很长一段时间，远处终于隐约可见水天一色的浅海，近处则堆满杂木杆、苇箔、帆布、塑料布、油毡纸等修筑堤坝的材料。

前方已经看不见有路了，顾心怿干脆下车步行往海堤上走去。他看到民工们正在泥水里堆筑着大堤。沉重的脚步声，急促的喘气声，手推车轮的滚动声，汇聚在一起，弥漫在辽阔的工地上。往更远处看，很多人站在水里人拉肩扛，用沙袋堆筑围堰，排水堆土，把大堤筑进极浅海。百里大堤仿佛上演着一幅波澜壮阔的“精卫填海”图，场面很是壮观。

这哪里是工地，简直是战场，一场人类与大自然的战斗正在激烈地进行着！顾心怿被眼前艰苦悲壮而声势浩大的场面所震撼。

施工负责人向顾心怿介绍说，民工的劳动强度往往是超负荷的，加之他们暂住的窝棚里无法保温，一场北风袭来，天寒地冻，许多民工都冻感冒了。然而即便如此，不少民工仍坚持带病出工，希望把堤坝修筑好。听到这里，顾心怿不由得紧皱眉头，心情十分沉重。

当天晚上，顾心怿彻夜难眠：不能再依靠这种人海战术了，血肉之躯终究难以与大自然抗衡，人类想在咆哮的大海中勘探石油，还得依靠科技进步来改变现状。于是，一个大胆的攻关设想出现在顾心怿的脑海中——他准备设计建造一款适用于胜利油田浅海勘探的坐底式钻井船。

根据多年的技术探索经验，他明白这个项目风险大、责任重——但科技的山峰总要有人去攀越，为滩海勘探研发新的技术、装备，在顾心怿看来，是他作为科研技术人员的职责所在。于是，他下定决心启动这一项目。

浅海造船，要求船体除具备常规船舶的特点外，还须适应在特殊地段钻井的要求。比如，船体自重轻、吃水浅、强度高，在风浪中要抗滑、抗淘空，等等。否则，即使造出钻井船也无法实施打井作业。当时，坐底式石油钻井船的设计技术由美国垄断，在我国的发展尚属空白。在油田组建了由顾心怿担任组长的研发项目组后，缺乏主持海洋平台研制经验的顾心怿决心与组员从零开始学习海洋学、船舶制造等相关专业知识。

他开始大量地阅读海洋、船舶、钻井平台等方面的书籍、资料。在听说大港油田科研人员曾赴美国考察相关技术后，专程前往大港油田海洋指挥部交流学习，并借阅了他们带回国的图片资料。他仔细研究了国外坐底式钻井船的设计特征，结合胜利油田的现场情况进行了改进，加班加点完成了一套吃水特别浅、不用挖沟就能拖至岸边极浅海区打井的钻井船设计方案。

方案汇报至油田副指挥姚福林后，姚福林非常重视，亲自组织相关专家对该方案进行了评估。参评专家对顾心怿牵头设计的钻井船方案给予了肯定，随后，油田领导要求顾心怿及团队成员继续做好准备工作，并决定由油田副总工程师叶蜚庭带领他们前往石油工业部作专题汇报。

由于交通不便，顾心怿一行赶到石油工业部时天已经很晚了。张文彬副部长和部有关部门的领导还在等待着他们。在听取了他们的汇报后，与会领导对方案提出了几条中肯的意见。顾心怿和同事听后表情都有些凝重，感到项目修改难度很高，非一方之力所能为。

于是，他们又邀请了海洋指挥部、天津大学、华东石油学院的专家共同对设计方案进行了讨论。会上，海洋指挥部的专家详细介绍了他们在海上工作多年积累的经验和教训，尤其重点分析了顾心怿团队设计的平底沉垫遇到大风浪时存在的滑移风险问题，推荐他们采用多格拱形底沉垫的方案。在各方专家的热烈讨论后，石油工业部领导最终提出了指导意见：同意设计建造浅海坐底式钻井船；优先考虑多格拱形底沉垫的方案；由胜利油田、海洋指挥部、天津大学、华东石油学院组成联合设计组负责设计工作。

散会后，副部长张文彬又专门留下顾心怿及其团队成员，想进一步了解有关情况。张文彬问顾心怿："这么重大的项目，你们有多大的胜算呢？"顾心怿语气坚定地回答："请首长放心，我们前期已经做了大量的调研和评估工作，至少有百分之八十的把握；而且现在又有您们的大力支持，只要充分预估困难，通过共同努力，我们有足够的信心和能力完成这个项目！"张文彬又问道："那你们所里现在有多少人参与这项工作？"顾心怿实事求是地回答："目前我们只有三个人。""那怎么行呢？这么大的工程，人员必须配足，我马上再给你们充实力量。"张文彬边说着，边拨通了石油工业部人教部门负责人的电话。当了解到当时石油工业部有37名海洋装备专业应届大学毕业生正等待分配时，他非常高兴，将这批应届生全部分配到顾心怿的团队，参与钻井船设计项目。

得到上级领导的支持后，顾心怿备受鼓舞。回到胜利油田后，他顾不上休息，立即组织新分配来的年轻技术人员投入到紧张的设计工作中。

钻井船的设计工作全面启动，船名暂定为"浅海钻井船"。设计组分处两地同时开展工作：海洋指挥部和天津大学组成船体和结构部分的设计组，在天津地区工作；胜利油田和华东石油学院组成石油专用设备和生活舾装部分的设计组，在山东地区工作。

由于当时缺少现成的办公设施，山东地区设计组的45名技术人员只能在距研究所一公里外的两栋油毡纸盖顶的简易房里临时办公。艰苦的环境没有磨灭大家开展科研工作的热情，在顾心怿的带领下，大家边学边干，边研究边设计，共同完成了大量图纸设计工作，积累了许多宝贵的专业知识经验。

1975 年 11 月，正当他们的设计工作进展顺利，即将看到胜利的曙光时，一个严峻的问题突然从天而降——多格拱形底结构质量太大，吃水太深，坐底下沉的冲排泥设备很多，难以布置，且与船上石油专用设备冲突，这一状况要求他们必须重新设计吃水较小的船体方案。

这意味着他们要彻底推翻前期的工作成果，重新开始设计研发，团队成员们内心的挣扎可想而知。但是科学技术必须尊重客观现实，他们不得不忍痛割爱，着手设计全新的钻井船方案。

然而，问题一波未平，一波又起。正当大家重新投入到新方案的设计工作中时，海洋指挥部接到了新的平台建造任务，来自高校的专家也因教学任务不得不暂停设计工作。浅海钻井船项目被迫中止。

闲下来后，顾心怿所带领的设计团队开始人心浮动，部分人员开始打退堂鼓，私下准备调离项目组。负面情绪笼罩着大家，一时间，团队岌岌可危。

这时候，姚福林带队前来视察工作。看到眼前的状况后，连夜组织召开了职工大会。会上，他用了很长时间给大家做思想工作，回顾石油工业艰辛的创业历程，鼓励大家勇于同甘共苦、积极克服困难。

姚福林的话语朴实、亲切，在场的很多技术人员为之动容。会后，除个别坚持调走的员工外，大部分技术人员情绪稳定下来，表示会继续留在团队中安心工作。

顾心怿带领团队重振信心，再次开展现场调研，希望能够寻找到质量小、吃水小、抗滑性强、适于渤海区域浅水作业的坐底式钻井船。有一天，他们在调研时听说济南黄河船厂造的船具有船体轻、吃水小的特点，于是决定前去开展实地调研。

到达济南黄河船厂后，接待他们的是技术负责人朱龙田。这是一位20世纪50年代的上海交通大学毕业生，性格耿直，为人豪爽，曾参与过潜艇设计，技术经验十分丰富。济南黄河船厂虽然不大，设备也比较陈旧，但朱龙田曾在那里设计过浅水船只。朱龙田与顾心怿同是上海人，且对石油行业有着深厚的感情。两人一见如故，从国家石油行业发展现状到胜利油田开发浅海油气资源面临的问题，聊了整整一个下午。顾心怿还就目前在钻井船研发方面遇到的困难向朱龙田逐一请教，对方解答后，表示愿意支持顾心怿团队的研发项目，并提出了初步的船体结构改进思路。

真是“柳暗花明又一村”！济南一行让顾心怿收获颇丰，给陷入困境的研发工作带来了新的转机。他们决定把所里的部分设计人员派到济南，以便在朱龙田的帮助指导下，重新开始设计工作。

这批前往济南开展工作的设计人员包括孙东昌、姜汝成、王运安、方芹秀等，他们之中有多位后来成长为优秀的科研、管理人才。其中，毕业于华东石油学院矿机专业的孙东昌当时还是个二十多岁的小伙子，工作热情高涨、干劲十足，得到了顾心怿的悉心指导。后来，孙东昌逐步成长为胜利油田钻井研究院副院长、胜利油田海洋工程高级专家、山东省专业技术拔尖人才、山东省有突出贡献的中青年专家。

经过几个月的团队攻坚，在朱龙田及济南黄河船厂技术人员的帮助下，顾心怿终于带领大家完成了新型钻井船的设计工作。在他们的精心设计下，这艘钻井船拥有许多国外同类船只所没有的性能特点，更适用于渤海湾浅海环境。他们将这艘船命名为“胜利一号浅海坐底式石油钻井船”（后称“胜利一号浅海坐底式钻井平台”，简称“胜利一号”）。

第十二章

“胜利一号”

“胜利一号”设计方案完成后，即将进入船体生产建造阶段。山东省有关部门组织专家召开了“胜利一号钻井船方案审定会”。参会人员展开了热烈讨论，并最终一致通过了设计方案。

方案确立后，顾心怿和同事们再次前往石油工业部作项目汇报，希望尽快立项，解决船体建造资金问题。他们的申报得到部领导的支持，“胜利一号”建造项目于1976年顺利立项，正式进入紧张的建造阶段。

“胜利一号”原计划由黄河船厂建造，然而由于横跨在黄河之上的黄河大桥高度小于船体高度，建成后的“胜利一号”将受其阻挡无法驶入大海，因此，他们不得不重新寻找其他适合的造船厂承担建造任务。为此，顾心怿带队先后前往日照、青岛、烟台等地考察。由于当时国内原材料供应紧张，很多具备建造能力的船厂因担心后续材料匮乏而拒绝了他们。四顾迷茫之际，在山东省造船公司一位朋友的引见下，顾心怿见到了烟台市机械局的高局长。一番沟通后，高局长表示，烟台正在筹建一家造船厂，愿意承接“胜利一号”建造任务，将其作为新厂的第一个项目。

1977年1月，烟台市造船厂启动施工。为了加快建造速度，设计团队的一部分人员将办公场所搬进了造船工地，赶绘施工图纸，现场指导施工；另外一部分人员则积极筹集造船材料。他们跑遍了胜利油田的材料库房，得到油田领导的全力配合；对于油田无法提供的材料，他们又前往上海、南京、北京、天津、青岛等地落实货源，组织调运。有些材料难以找到，他们就用现有材料进行改良替代——用大型浮顶油罐的钢板作为船体结构板，用输油的螺纹管作为船体的支柱，将履带吊车上的吊机拆下来用到船上……

在造船厂现场工作的设计人员不仅参与造船，还参与建厂工作，他们亲自设计胎架、船礅滑道、吊架，提出下水方案，有效加快了建造进度。1978 年 5 月 1 日，“胜利一号”的船体成功建成。

为了加快推进建造“胜利一号”整体工程进度，顾心怿和团队成员长期驻扎在烟台，即便逢年过节也很难回到东营与亲人团聚。

有一次，顾心怿终于借回东营汇报工作的机会回家探望，可刚到家的第二天就因急性阑尾炎发作住进了医院。在得知医生建议立即手术后，顾心怿因担心造船进度，询问医生可否将手术推迟几天，待自己处理完当下的工作后再入院治疗。在医生的反复坚持下，他才不得不接受了手术。虽然术后刀口有些化脓，但顾心怿仅在医院住了不到七天就匆匆赶回了烟台造船工地——对他而言，时间太宝贵了。

1978 年秋天，最后的设备安装和舾装环节到了非常紧张的阶段，顾心怿和同事们几乎每天加班加点。中秋节那天，当大伙拖着疲惫的身躯回到海边的木板房时，只见天上皓月当空，海面波光闪烁，高大的“胜利一号”在皎洁的月光下显得格外壮观。大家虽然非常疲倦，内心却十分愉悦——他们为之付出了大量心血的“胜利一号”即将建成，这意味着胜利油田浅海钻探事业即将开启，大家长期以来的辛勤努力将为浅海钻探事业的发展带来腾飞。

1978 年 11 月 1 日，“胜利一号”终于建成，并进行了试航试钻，获得了适航证书和吨位证书。下海抵达渤海湾预定井位后，不到一个月就打完了第一口试验井——埕中 1 井，拖航、就位、下沉、钻井、起浮一次成功。

经过试验后的调适完善，“胜利一号”于 1979 年正式投入勘探。自此，我国拥有了第一艘固定甲板高度带抗滑桩的钢质坐底式石油钻井船。它可于无冰期在水深 1.8~6 米(含高潮)的浅海中坐在泥砂质海底上钻井，填补了我国浅海钻井装备领域的空白，还使我国成为当时全球极少数能设计建造坐底式钻井船的国家之一。“胜利一号”全船总造价约 700 万元，可比从国外购买钻井船一次性节约 2500 万元，每年还可节约进口配件费用约 50 万元。

正当“胜利一号”顺利地打成了一口又一口探井时，震惊全国的“‘渤海二号’事件”发生了——从日本购进的“渤海二号”钻井船发生沉船事故，船上多名人员落水冻溺身亡。有着相似作业性质的“胜利一号”怎么办？不少人因担心风险太大而建议停止作业，相关领导也愈发关注“胜利一号”的安全问题。

作为设计人员，顾心怿明显感到压力很大。为确保万无一失，他带队重新核对了“胜利一号”的各种数据，经过专家评估讨论，大家一致认为，“胜利一号”结构坚固，不存在安全风险隐患。

然而即便如此，作业人员仍然不放心，每次拖航，都邀请顾心怿去跟船。他们说：“不需要你干什么，只要在我们身边看着，帮助指点一下，我们心里就很踏实。”顾心怿非常理解他们的心情，总是接受邀请跟船出海。

即便如此，“渤海二号”事故的阴影仍长久地笼罩在出海作业人员的心头。尤其是夜间拖航又遇上阴雨天气的时候，大家每每感到焦虑不安。尽管顾心怿一再告诉大家“胜利一号”是安全的，想尽办法缓解紧张的气氛，但往往收效甚微。

“胜利一号”究竟还敢不敢运行？油田内部产生了严重分歧。最终，石油工业部的领导给予了他们坚定的支持，决定开展一次彻底的检修后继续使用。

检修工作顺利完成后，按照惯例需邀请船检局的验船师前来检验，在检验完毕出具证明后，才能拖航出海。然而验船师到达现场看到“胜利一号”后，却因其结构过于朴素而拒绝了他们的检验要求。顾心怿忙带领技术人员前往船检局进行沟通。对方称：“进口的‘渤海二号’都出事了，你们这条船这样简陋，我们怎么能出证明呢？如果你们一定要出海也可以，我们不阻挠也不管。出了问题是你们自己的事情。”顾心怿听后非常着急，他找到船检局领导，坚决而恳切地要求他们一定进行检验，如果检验结果显示有问题，设计团队可以整改，但是不能草率地拒绝检验。此后，顾心怿又列举了多项参数证明“胜利一号”虽然全部由国产材料生产而成，结构比较简陋，但性能优越，尤其是稳定性、抗沉性都比“渤海二号”好得多。许多当时在场的人至今仍记得顾心怿与船检局领导的对话：

“‘胜利一号’要求检验出海。”

“听说了，我们不能检验，不能出具证明。”

“我们要去打井，要去找油。”

“打井找油是对的。这样吧，要打井找油就去吧，我不出证明，也不阻拦你。”

“那不行，我们不能名不正言不顺地作业，要光明正大地出海。你知不知道中国海岸线上还有几条国产的钻井船在打井？”

“不知道。”

“我可以告诉你，一条也没有了。中国这么大的海域，难道都要依靠国外的钻井船吗？我强烈要求你检验。如果不合格，你可以给我不合格的证书，我们报废‘胜利一号’，再造更好的。如果‘胜利一号’合格的话，你就应该支持我，为我们国家争口气！”

顾心怿的情绪十分激动，现场气氛变得紧张起来。同行的设计人员赶忙提醒顾心怿注意语气。然而没想到船检局的领导在听了他一番情真意切的言辞后，不仅没有生气，反而被他的爱国情感打动了。表示会认真考虑他们的诉求，但事关重大，需要请示船检总局后才能予以答复。

精诚所至，金石为开。两天后，顾心怿接到船检局的回复，同意“胜利一号”接受检验。

这一天，几位验船师再次带着检验设备登上“胜利一号”。他们进到船舱里仔细查看了舱体设备，反馈了改进意见。顾心怿针对存在的问题，及时组织人员开展了连续数日的突击整改，并再次接受了验船师的检验。直到船体及装备完全符合各项技术标准和安全设计要求后，船检局才终于出具了相关证明。

1980 年下半年，经历了一系列波折考验后，“胜利一号”终于再次升起中国国旗，出海履行自己的职责和使命。

1989 年，“胜利一号”光荣退役，共完成了 20 口井(包括探井、开发井、试验井)的勘探工作，总进尺 4 万多米，勘探成果显著。“胜利一号”所钻探的 20 口井中，最大钻探井深 3131 米，见到油气层的井有 7 口；发现含油气圈闭 7 个；在垦东十二区见到 26.2 米的油层，获得了日产 20.9 吨的工业油流；1987 年，钻成了垦东 14 井，获得了日产 4.1 万立方米的天然气。该船于 1986 年获石油工业部科技进步奖二等奖，于 1987 年获国家科技进步奖三等奖。

1989 年，顾心怿因带领团队成功设计研发“胜利一号”而被评为“全国劳动模范”，他代表胜利油田 20 万产业工人出席隆重的表彰大会，受到了国家领导人的亲切接见。

“胜利一号”是中国第一艘坐底式石油钻井船。

“胜利一号”是完全由中国人自己设计建造并全部采用国产材料建成的钻井船。

“胜利一号”开创了我国浅海勘探的新局面。因“胜利一号”而组建的胜利油田浅海勘探团队，成为我国第一支浅海勘探队伍。历经数十载，该团队如今已发展成一支由 3000 余人组成的设施配套齐全的浅海勘探公司。

“胜利一号”在设计建造及使用过程中积累的技术经验，在后来“胜利二号”“胜利三号”等钻井船的设计、改造过程中，发挥了关键的可借鉴作用。

“胜利一号”作为向浅海勘探迈出的第一步，已被载入我国石油勘探的历史中。

第十三章

辞官从研

胜利油田钻井采油工艺研究院曾是胜利油田前沿钻井技术的“中枢系统”，聚集着许多钻井领域的技术精英。钻井工艺研究院的前身为胜利油田勘探开发工艺研究所，顾心怿曾担任过其中矿业机械研究室主任，后任勘探开发工艺研究所副所长。

1978 年 3 月 23 日，胜利油田勘探开发工艺研究所撤销，胜利油田钻井采油工艺研究院正式成立，顾心怿任行政副院长。

上任之初，他便着手围绕所分管的生产技术领域开展工作，梳理了大量技术资料，制定了完善的管理制度，还开展了基础技术调研摸排工作。然而，管理工作往往没有科研技术那么单纯。

顾心怿的一位老乡，在得知他当了领导后，便带了许多礼品找到他给自己的儿子调动工作岗位。令这位老乡没有想到的是，顾心怿不但严词拒绝了他，还将他带去的礼品全部送出门来。如此不留情面的做法让老乡很是不满，因此同顾心怿不再来往。类似这样“得罪人”的事情，在顾心怿担任副院长期间还发生了很多次。

慢慢地，顾心怿发觉自己并不适合做行政领导——在领导岗位上，不仅人情往来让他疲于应付，而且每天到办公室请示汇报的下属络绎不绝，繁杂的协调工作占据了他绝大部分的时间和精力。他发现自己已没有时间潜心开展科研攻关了。

一段时间后，将科技创新作为毕生追求的顾心怿认定自己难以适应领导岗位，因此，他毫不犹豫地决定申请辞去副院长的职务，全身心投入到科技攻关中。

1980 年 3 月的一天，顾心怿来到钻井采油工艺研究院临时党委书记钟秀义的办公室，想汇报辞去行政职务的事情。

钟秀义原以为顾心怿找他是因为工作上遇到了困难，没想到是要申请辞去副院长一职。他半开玩笑地对顾心怿说：“你这是要撂挑子啊？组织可不答应。”在顾心怿表示自己业务项目多、工作量大，没有时间和精力从事行政管理工作后。钟秀义说："干部任免是需要组织集体研究决定的，我个人无权免去你的职务。更何况你的工作一直很出色，并没有出现失误啊！继续安心工作吧，我们都是党的干部，服从组织安排是第一要务。"

与书记没谈拢，顾心怿又先后找了几次组织部门，诚恳地提出自己想辞去副院长一职、专心做具体技术工作的要求。但是组织部门考虑到，一名技术干部，不仅要有过硬的技术本领，还要有掌控大局的管理才能，培养一位合格的干部是很不容易的，而顾心怿恰恰具备这些素质，在管理岗位上做出了不错的成绩。一将难求，组织部门便同样拒绝了他的申请。

直到后来的一天，山东大众日报社驻胜利油田记者到钻井采油工艺研究院采访，根据院方安排，顾心怿接受了技术领域的访谈。采访期间，顾心怿不禁向记者道出了自己的苦衷，并表达了辞去行政职务、专心开展科研工作的想法。记者听后十分吃惊，在他看来，像顾心怿这样为了科研工作宁肯放弃行政职务的人实属罕见。在了解个中原委后，才发现这种想法在科研领域是具有普遍性的。于是，访谈结束后，这位记者撰写了一篇题为《选拔专业人员担任领导工作要因人而宜》的文章❶：

> 最近，胜利油田钻井采油工艺研究院副院长顾心怿提出，提拔专业人员担任党政领导职务，要因人而宜，避免"一刀切"。在这方面，他谈到了自己的亲身体会。
>
> 顾心怿现年44岁，建国初期在上海中华职业学校学过石油机械，以后又在山东工业学院上了两年夜大学。胜利油田开发初期，他在改革钻头、取芯工具等方面，取得了

❶略有改动。

一些成果。1966年后，他和其他技术人员、工人一起，用了十年时间，发明了具有我国独特风格的先进抽油设备——链条式抽油机，获得国家科委颁发的二等发明奖。1975年后，他又主持研制了我国第一艘坐底式浅海钻井船，已投入钻井生产。顾心怿今年开始搞另一项发明。这个项目原计划6月份画出设计图，可是，实际上8月底才完成。为什么计划推迟了呢？主要是行政事务分散了他的精力。

顾心怿是钻井采油工艺研究院主管生产的副院长，院里每两天开一次领导“碰头会”，每次半小时到一小时；每周开一次领导成员办公会，进行一次政治学习，各占用半天；还有经常开的党委会议，等等。每个会都要准备意见。另外是行政事务缠身。顾心怿拿出工作日志给记者看。他随便翻到4月23日这天，记录下了9项要办的事情：(1)布置组织防汛劳动；(2)布置机关蒸汽管线设计；(3)对设备检查提出意见；(4)安排加工插销；(5)考虑半年总结；(6)确定企业管理要哪些人员参加；(7)工会库房搬家问题要定下来；(8)对技术干部考核准备意见；(9)钻头焊接，通知加工车间做好准备工作。这里固然有个改进工作方法、减少行政事务、精简会议的问题。但是，既然担任了行政领导职务，很难摆脱行政事务工作，再想专心致志搞些科研，是相当困难的。

他认为，对那些专搞科研，并在某个方面有成就的人员，还是不脱离科研岗位好。搞科研有它的连续性，刚刚探索到科研规律，就转为搞管理，对人才是种浪费。顾心怿希望上级免去他的领导职务，让他回到科研岗位上去，专心致志搞科学研究，不再参与行政领导工作。

顾心怿提出意见，其中的道理显而易见。在人才的使用问题上，不能搞“一刀切”。对那些在技术上有专长，而不善于做组织管理工作的人，就应该扬其技术之长，避其组织能力之短，尤其是对于那些在科学技术上有成就并有发展前途的优秀人才，就更应该让他们专心致志地从事科学技术研究工作，这样会更有利于出成果。这才叫人尽其才。对于那些有专业技术成就，但不宜担任领导管理职务的科研人员，可授予一定技术职称，在科学技术上给他们一定权力；领导要真心实意地依靠他们，倾听他们的意见，在各方面给予支持。保证科研快出结果。对提拔到领导岗位上的专业人员，也应该减少他们的行政事务，兼职不要过多，才能更好地发挥他们的特长。不然，时间一长，职务升了技术丢了，还会由内行变成外行。

这篇文章先是刊登在了《大众日报》上，随后，又在《人民日报》再次刊发，引起了钻井采油工艺研究院领导的重视。1984 年，钻井采油工艺研究院经过党委常委会集体研究，报请胜利油田党委批准，同意顾心怿辞去副院长的领导职务，并任命他为钻井工艺研究院总工程师。

辞去行政职务后，顾心怿将更多时间和精力用在了科研工作中。当时许多人无法理解他的决定，但顾心怿用朴素的表达说明了自己的理由：“每个人都有自己的特长，有的人组织能力强，适合做领导工作。而我自知天生不是当官的料，我的特长在于从事技术研究工作，我的事业在科技创新的岗位上。”

顾心怿后来被胜利油田聘为油田首席高级专家，他在与青年技术人员的一次交流活动中曾说：“青年人应该充分分析自身的特点，找准自己的发展方向，走适合自己的发展道路。就拿我来说，是油田的生产需要、单位事业的发展、组织和群众的帮助，才使我从油田发展初期的一名青年技术人员，成长为教授级高级工程师和中国工程院院士，又荣幸地被聘为油田首席高级专家。”他还曾在一次会议发言中慷慨激昂地说道：“在我的成长过程中，领导出于对我的关心、爱护，把我提拔到副所长、副院长等行政管理岗位上，我深知这是组织对我的器重和厚爱。但工作一段时间后我发现，我之所长不在经营管理而是科技创新，所以，我就打报告，请求党委免去我的行政领导职务。从三支人才队伍序列发展来看，我当时的请求是对的。在这里，我想对我们油田那些有志于从事专业技术工作的青年同志说，在专业技术方面，胜利油田是一个大舞台，只要你下定决心献身石油科技，努力学习，深入基层，联系实际，敢于实践，脚踏实地，潜心研究，坚持创新，不怕挫折、失败，不断总结实践经验、教训，就一定能够在专业技术上取得出色的成绩，做出应有的贡献，得到肯定和承认。”

技术探索永远是顾心怿心中最重要的事情，他以对科研精益求精、求真务实的工作态度赢得了周围人的尊敬和爱戴。曾有人与他开玩笑：“多亏你当时辞去了行政职务，否则，油田只能是多了一位普通的领导，却缺少了一位工程院院士。”

辞官从研，这是顾心怿人生中的第四次重大选择，他始终认为，自己在这几次人生转折点上做出的决定是正确的，对于自己在油气行业取得一定成绩发挥了重要作用。

第十四章

钻塔走路

20世纪80年代初，我国海上石油勘探技术快速发展，而有一个技术领域却始终没有取得实质性突破，这就是海陆过渡区极浅海、潮汐带的油气勘探。那时候，尽管大家知道渤海湾深度两米以内的极浅海区域蕴藏着十分丰富的石油资源，但是包括浅海坐底式钻井船在内的任何浅海石油钻井设备都无法前去开展钻井作业。究竟要通过什么方法，才能突破眼前的技术困境呢？

油田对于极浅海区域钻采作业的需求再次激发了顾心怿的使命感。

1982年初夏，顾心怿和几位技术人员乘登陆艇前往海边调研，实地勘查了解海滩和海底的地基地貌。这一天，他们带足了食物和饮用水，为了避免登陆艇搁浅，需要趁完全退潮之前，完成极浅海区域勘查任务。到达目的区域后，顾心怿带领大家冒着灼热的海风，投入到紧张的测量工作中。他们没预料到那一天的退潮特别快，大家刚刚收拾完工具准备返航时，海潮已无声无息地退去，登陆艇还来不及撤出就搁浅了。大家不得不原地等候下一次涨潮。

这时，船上的一位同伴因家中有急事需要马上回家，便向大家说明情况后独自跳下登陆艇步行上岸。由于担心同伴的安全，顾心怿一直在船上用望远镜远远地注视着他。看着他一步一步吃力地往岸边走去，慢慢消失在海岸线上，忽然间，顾心怿的脑子里闪过一个念头：船能搁浅，脚却搁浅不了，既然人的双脚能在浅滩行走，为什么不能造一条会“走路”的钻井船呢？这样，岂不是可以在船搁浅后，依靠船体的自身动力来解决缺少海水浮力的问题？

奇妙的灵感需要强大的行动力来实现其价值。几个月后，顾心怿便完成了“步行式钻井平台”的初步设想方案，并得到了大家的一致认可。关于方案的落实工作，他感到愈发困难，担心自己在该领域的知识储备不足。而胜利油田当时侧重于陆上油田的勘探开发，缺少熟悉海上钻井平台技术的专业人员，因此，顾心怿计划到胜利油田以外寻求指导。

各方咨询一番后，顾心怿了解到上海交通大学的杨槱院士在船舶建设领域有着很深的造诣，可能会对自己计划建造的会“走路”的钻井平台提供指导。他将自己的想法向油田领导作了汇报，得到批准后，带领几位同事一同前往上海拜访杨院士。他们通过学校秘书与杨院士约定开展一次研讨会议。会议当天，除杨槱院士外，另外几位上海交通大学的教授也一起到场参加研讨。

会上，顾心怿向大家详细介绍了自己的设计思路，此后，大家展开了热烈的讨论。教授们肯定了他的设计思路，同时也预判了项目风险，指出了存在的问题。杨槱院士最后对顾心怿说：“我们上海交通大学非常愿意与胜利油田的同志们一起接受这个挑战，可以考虑通过校企合作的方式来共同完成这一项目。”

商谈进展出人意料的顺利，顾心怿按捺不住内心的喜悦，匆匆赶回油田，向领导作了汇报。经过几轮洽谈后，胜利油田与上海交通大学商定了项目合作事宜，并将计划设计建造的该钻井平台命名为“胜利二号浅海步行坐底式钻井平台”（简称“胜利二号”）。随后，成立了由胜利油田副总工程师叶蜚庭和上海交通大学副校长李润培担任组长的项目领导小组；胜利油田顾心怿、邴如吉等，以及上海交通大学教授马志良、陈健元等担任项目设计负责人。后又经过双方精心挑选，各选派了30名技术骨干、高校教师参与其中，联合组成了庞大的研究设计团队。

如果说“胜利一号”项目的特点是难度大，那么，“胜利二号”的设计建造除具有极高的难度外，还要承担更大的风险。因为要求具备移动性能的“胜利二号”为全球首创，没有任何经验可以借鉴。此外，“胜利二号”是一项宏大而复杂的系统工程，投资巨大，如有闪失，国家将会蒙受重大经济损失。顾心怿心中的压力可想而知。

此时，有些朋友认为顾心怿在“胜利一号”项目中取得了丰硕的成果，建议他不要再冒险参加“胜利二号”的设计建造，劝他“见好就收”。顾心怿理解朋友的良苦用心，但他仍坚定地加入了新项目组。当时国际原油价格持续上涨，国家需要更强的石油自主勘探开发能力来支撑国民经济建设。顾心怿认为，浅海勘探领域总要有人去开拓，而自己正处于年富力强、经验成熟的“黄金时期”，不该知难而退，而是应该努力拓展更多未知领域，助力油田多产石油，这样才无愧于国家对自己的培养。

后来，又有人对他说：“‘胜利二号’的设计思路是你构思的，现在找其他单位协作，岂不是将自己的成果白白让给他人了？”顾心怿听后摇摇头，态度坚定地说：“科研工作者不能心胸狭隘，参与项目的双方是有着共同的奋斗目标的。‘胜利二号’也只有在大家齐心协力之下，才能最终建造完成。”

为了尽快完成钻井平台的设计工作，顾心怿同项目组的专家们图纸画了一张又一张，方案设计了一个又一个。经过一年多的可行性研究，他们所设计的可以“行走”的平台方案各项技术指标终于顺利通过了检验。

1983 年下半年，为了取得海底地基、吸附力数据，设计团队主动与山东沾化造船厂寻求合作，共同根据设计方案建造了一艘长 10 米、宽 5 米的模拟实验船。待各种动力设备和测试仪器安装完成后，顾心怿仔细地打量着船体，内心十分兴奋。

一切检查妥当后，顾心怿同项目组成员乘实验船正式起航。他们从山东东风港出发，途经徒骇河以东，缓缓地向着蔚蓝色的大海行进。逐渐进入浅滩后，由于支援船只无法驶入，食物补给遇阻。顾心怿和其他设计人员不得不啃冷馒头充饥。乏了，几个人就背靠背休息一会儿；困极了，干脆就躺在甲板上，或者挤在只有几平方米的装满仪表的小船舱里过夜。秋天冷硬的海风一阵阵吹过来，他们当中很多人冻感冒了，但仍然带病坚持了半个多月。在实验结束登陆时，顾心怿消瘦了许多，双眼布满血丝，嗓子嘶哑得说不出话来。尽管如此，大家还是为这次满载而归兴奋不已。

此次，他们累计行程数百公里，经过了海滩、潮汐带等五个典型地段，拍摄了许多宝贵的影像资料，收集到了大量现场数据，进行了严谨的评估实验，为“胜利二号”的后续研发工作奠定了坚实的基础。

1985 年，“胜利二号”由青岛北海船厂正式承建。青岛离东营虽然不过 300 多公里，但在当时的交通条件下，往返一趟并非易事。为了确保建造作业顺利开展，顾心怿和团队的其他设计人员吃住在船厂。单位领导为了让顾心怿方便快捷地开展工作，打算为他配一部值班车，而顾心怿考虑到科研单位用车紧张，便婉言谢绝了。为了节省从船厂宿舍到生产现场的时间，他买了一辆自行车，每天骑行往返。

“胜利二号”施工进入关键阶段后，顾心怿甚至一连几个月吃住在现场，负责组织协调各方关系，处理各类技术难题。有一次，向平台吊送链轮护罩等钻机配件的吊车出现故障无法工作，为了不影响工程进度，顾心怿与几位监造人员沿着陡峭的梯子，将几百公斤的配件一件一件扛到了十几米高的平台上。还有一次，在炎热的平台上连续工作了几个小时的顾心怿感到身体不适，随后呕吐不止，被送到卫生室后医生说他是因为在高温环境中持续作业、疲劳过度而引发的中暑，要求他好好休息。而顾心怿躺在床上却难以入睡，脑海中浮现的都是工人们头顶烈日、在焊花飞溅的工地上忙忙碌碌的身影。于是，他翻身坐起，简单在太阳穴上抹了一点风油精，喝了些白开水，便匆匆赶回施工现场继续参与作业。

在“胜利二号”建造过程中，顾心怿既是策划者又是践行者。他与团队的设计人员一起，完成了平台整体方案、大直径举升油缸、大行程水平牵引油缸、轻型内(外)体空间桁架、悬臂支架及大通径液压平衡系统等的设计工作，他们自主设计制造的每组载重达1200吨的大型全浮式轨道车轮组和导向机构等，使平台内、外体可以靠自身的机械动力交替举起或着地，从而互为依托地牵引前进，摆脱了海水浮力限制，一举实现了“步行”动作。

1988年9月19日，这是一个值得纪念的日子：经过设计、制造团队六年的艰苦奋斗，“胜利二号”这个重达4000多吨的庞然大物，终于披红挂彩、一显峥嵘。随着一阵响亮欢快的鞭炮声，“胜利二号”威风凛凛地从青岛北海船厂海滩出发，承载着钻井设备，一步一步地“走”向了大海！岸边的围观群众被眼前的一幕所震撼，不禁热烈而持久地鼓掌。大家欢呼雀跃、连连喝彩，一时宛若在庆祝一场盛大的节日。

“胜利二号”的成功，使胜利油田摆脱了海陆过渡带(海滩、潮汐带、浅海区)坡度小、宽度大、海洋钻井船进不来、陆上钻井设备下不去的困境。从此，胜利油田在极浅海潮间带开展石油勘探开发钻井作业，实现钻井作业陆海连片的梦想，终于成为现实。据统计，“胜利二号”这座重达4000吨的平台，服役期间累计“步行”3000多米，不仅在浅海海域钻成近百口油井，还多次“走”进其他任何钻井设备都无法进入的极浅海潮汐带实施钻井作业。

“胜利二号”设计建造项目于1990年获得中国发明专利授权和第二届国际专利及新技术新产品展览会金奖；于1991年获得中国专利奖金奖；于1992年被评为年度“全国十大科技成就”之一；于

1996 年获得国家发明奖二等奖。

“胜利二号”的设计、建造属于国际首创，平台性能具备当时国际先进水平，也因此得到了党和国家的高度重视。在中华人民共和国成立 41 周年前夕，邮电部印发了一枚以“胜利二号”为画面的特种邮票。当时，任中国石油天然气总公司总经理的王涛看到邮票精美的设计后赞不绝口，并欣然为这枚特种邮票题词，以祝贺胜利油田第一枚特种邮票发行。

第十五章
痴心不悔

古人云：艺痴者，技必良。其实，每个人技艺的精良程度，不仅与他对技术的痴迷程度有关，还取决于他的格局和眼界，而顾心怿便十分注重通过了解国际前沿技术装备来拓宽视野、提升眼界。在他看来，当时的中国在设备数量方面已经逐渐发展为世界石油装备大国，但是设备的质量、性能与国际先进水平还相去甚远。只有大胆解放思想，加强科研创新，才能不断开发高端石油装备，增强国际竞争力。

当时，随着石油企业向油公司转型，机械设备生产专业队伍逐渐从企业主体剥离，这可能使得装备生产商无法及时满足勘探开发的具体需求，从而导致装备对油田的适应性滞后。所以，顾心怿认为，油公司应建立起与生产商密切沟通、合作研发的长效机制。企业提出要求后，须与生产商开展合作研发，并进行现场试验，通过反复改进提升，最终生产出符合油田需求的装备。该过程中，应特别注重设备核心机构研发技术的创新，从而更好地提升设备性能。

“胜利二号”设计建造完毕后，顾心怿长长地舒了一口气。本想放缓工作节奏休息一段时间，可这时，一个关于修井设备改造的想法又出现在他的脑海中。

事情是这样的。

有一次，顾心怿在修井现场指导作业，一位工人师傅想和他说些事情。由于现场机器声音太大，顾心怿听不到工人说的内容，只得看着眼前轰隆隆的修井机无奈地摇头。那位工人见状凑到顾心怿耳边说道：“顾总，您有那么多发明创造，能不能帮我们改进一下修井机，让它刹车时操作不用太费力，也不出现这么大的噪声啊?”顾心怿在机械设计方面的权威性令现场工人对他寄予厚望。在听到工人师傅提出的请求后，他内心感受到了被信任的温暖，于是坚定地点头说道：“行，行，让我回去想一想，看有没有好的解决办法。”

其实早在几年前，顾心怿在钻井队和作业队调研时，便听到过现场工人的议论：钻机刹车是个大问题，操作起来十分困难，稍微掉以轻心便可能发生事故。他还曾亲自尝试过操作刹把，发现刹把很重，的确不易操作。刹车过程中，刹车毂时常被磨得发烫发红，每当此时，钻井工人不得不赶紧将冷水泼在刹车毂上降温，但这一操作却会大大缩短刹车片的使用寿命。当时，由于忙于钻井平台的设计工作，顾心怿无暇思考修井设备的改进方案，时隔数年再次听到现场工人的需求，他决定着手解决这一问题。

他先后尝试了气动刹车、电磁刹车、水刹车等多种思路，但都无法很好地适应现场设备需求。于是，他试着打破思维定式，运用发散性思维去探索改进方案。有一天，他突然想到："如果不认清刹车的本质，则可能很难从根本上解决问题。那么，刹车的本质是什么呢？"一时间，顾心怿感到豁然开朗：刹车的本质是消耗能量，工人用力按压刹把时，钻柱释放的能量转化为摩擦产生的热能，随之被消耗掉。倘若因刹把操控失误而没能消耗掉钻柱释放的能量，则可能导致设备速度失控，从而发生事故。继而，他又进一步深入思考：能量全部被消耗掉显然是一种浪费，如果能设法把它们利用起来，岂不是既能方便刹车，又能实现能量的循环利用了吗？

顾心怿的设计思路因此产生了一次飞跃，但是要实现这种设计却很不容易。为此，顾心怿屡屡到施工现场开展调研，认真观察、分析钻井、修井设备。根据他的测算，3000 米直径为 2.5 英寸(约 6.35 厘米)的油管起下作业过程中能释放出多达约 5 亿焦耳的能量，加之修井机并非长期固定在一处作业，且能量释放过程也不稳定，因此，能量贮存过程困难重重。顾心怿尝试了多种蓄能思路，如将质量很大的物体举升的方法，向电瓶充电的方法，向储热器充热的方法，发电反馈进电网的方法，向高处水库打水的方法，让飞轮高速旋转的方法，压缩大弹簧的方法，压缩气体使之升压的方法……但都无法高效地实现如此大量的能量贮存。直到后来一次现场调研中，顾心怿发现设备在起钻时，动力机大部分时间处于空载状态，仅提升管柱时才有较重的负荷。而即便在空载或低负荷的状态下运转，动力机仍要消耗一定的燃油，并且容易发生磨损、产生积碳，因而缩短机器寿命。

于是，顾心怿的脑海中出现了一个新的想法：虽然不能将整个下管柱过程中的能量全部贮存起来，那能否尝试贮存单根管柱起下过程中的能量呢？经过理论测算，他认为这一思路是可行的。

1991 年年初，顾心怿在深思熟虑后将自己的设想告诉了研究室的几位同事，大家都认为这是个很有创意的构想，值得一试。于是，在征得油田领导的同意后，他们申请成立了技术研究项目组，将该项目列入胜利油田 1991 年预备课题研究计划，项目很快便进入实际研究阶段。

他们通过多番论证，决定采取液压技术蓄能，准备先试制一台 300kN 的修井机样机。初期目标明确后，顾心怿与设计组的同事们便开启了漫长的探索之路。

起初，为了解决车载高压空气包的设计问题，他们前往浙江大学“取经”，在取得相关专利设备资料后，又马不停蹄地赶赴浙江衢州的厂家商谈合作生产事宜。通过一连数日的奔波，他们终于突破了高压空气包方面的瓶颈，大家都感到十分高兴。

与此同时，项目组的其他几个研究环节也取得了突破性进展。譬如，在选择较低的“力挡”条件下，使油缸的提升力小于油管柱的重力，从而不仅能提升油缸，还能使其被油管柱压下，液压油就被压回蓄能系统储存起来，从而实现了下钻过程中贮存部分位能的目标；设计人员还成功改进了蓄液缸的结构，实现了高压蓄液缸中的液位显示。

前期方案设计基本完成后，顾心怿与项目组的同事们继续坚持扎根生产一线，指导设计调试，1992 年 12 月，终于制作出第一台修井机样机。大家兴奋地将设备运送至井场，准备开展现场试验。然而令他们始料未及的是，运送车辆在途经一处坑洼路段时，因发生颠簸，样机侧翻至路边的水沟里，设备顿时被摔得七零八落，当场报废。

眼看着两年多的成果被摔得面目全非，顾心怿心如刀绞，自责不已。大伙儿见状纷纷上前安慰，七手八脚地捡拾起设备残骸并拉回了厂房。虽然这是运输过程中发生的意外，并非技术失误所致，但顾心怿还是从可靠性方面对设备进行了检查、反思，并改进了部分细节。

一年后，项目团队再次赶制出经过改良的第二台样机，并在场内进行了先导试验。1994 年年底，他们提前对运输路线进行安全勘查后，将样机运抵施工现场进行了应用试验。新样机在井上先后进行了九次试验，均取得了理想的效果。此后，他们开始进行新式修井机的工业化推广应用。新设备的优势十分显著：刹车轻巧灵便；作业过程中噪声明显减小；不会发生游动滑车顶天车事故，安全性能尤为可靠；节能效果十分显著，传统设备需燃耗 400 公斤柴油的工作量，新设备仅需耗电 600 多千瓦 · 时。按照当时的标准测算，每台新修井机每年可为胜利油田节省经费数十万元，经济效益十分可观。

1994 年，这款新式修井机通过了石油天然气总公司组织的技术鉴定。在鉴定会上，多位资深技术专家在对产品进行了严格的鉴定和评估后，一致给予了很高的评价，认定该项目属国际首创。此后，这款液压蓄能修井机又先后取得了美国、加拿大的专利。1995 年，该液压蓄能修井机荣获中国专利奖金奖。这是继“胜利二号”之后，顾心怿又一项获此殊荣的科研成果。

日积月累的科技成果，奠定了顾心怿在胜利油田科研领域的地位，他出国考察交流的机会也越来越多。

1995 年的一天晚上，顾心怿刚吃过晚饭不久，家中电话铃声突然响起。他接起电话后，才知道对方是中国石油天然气总公司王涛总经理。王涛在电话里告诉顾心怿，自己前一段时间赴意大利调研，发现他们在海洋工程、平台研制方面颇具实力，建议油田组织几位专家前去参观学习，为后期联合开展海洋技术项目研究奠定基础。当年 5 月，顾心怿带队前往意大利开展调研。7 月的一天，顾心怿正在与意大利技术人员交流超浅吃水运输船项目的技术问题时，收到了一封国内发来的传真文件，内容是通知他尽快回国参加院士大会。回到宾馆后，他又接到了胜利石油管理局领导、钻井工艺研究院领导的国际长途电话，他们纷纷向顾心怿道喜，祝贺他被选为中国工程院院士！

顾心怿听后感到既惊喜又意外——他不曾想到年仅 58 岁的自己竟能够顺利当选为院士。这是国家对于他在石油基层单位数十年科技创新工作的认可，也是对于胜利油田科技进步成果的认可。这一天晚上，顾心怿辗转反侧、思绪万千。突如其来的喜讯令他感触颇多：昔日科研工作中经受的挫折、收获的成绩，一幕幕在脑海中回放，他愈发认识到，倘若没有胜利油田这个大舞台，没有一路走来各位领导、同事、家人的关心、支持，仅凭自己单打独斗，恐怕难以取得今日的成就。是团队的智慧和力量使自己在科技创新领域获得了无限动力，如今自己当选中国工程院院士，但这份荣誉不仅仅属于自己，更属于团队，属于整个胜利油田！

顾心怿提前结束了在意大利的考察任务赶回国内。抵达东营后，胜利油田专门为他组织了“欢迎院士载誉归来”迎接庆祝仪式；次日，又在钻井工艺研究院举行了庆功会。会上，胜利石油管理局领导紧紧握住顾心怿的手说道：“老顾，祝贺你为胜利人争光！”

成为中国工程院院士的顾心怿没有因此停下前行的脚步，而是继续在科研领域攻坚创造、不断挑战自我，也因此为胜利油田做出了更多贡献。

1998年，受亚洲金融危机影响，国际油价大幅下跌，全球油品竞争日趋激烈。当时，中国每年所需石油约有60%依赖进口。作为一个能源需求大国，石油供应受制于人，给国家能源安全带来严重的威胁。面对不容乐观的国际形势，顾心怿意识到，只有研发本国核心技术，发展壮大自身科研实力，生产更多优质石油，才能适应时代发展的需求，打破西方国家的技术垄断。

他又将科研重心锁定在研发“长环形齿条抽油机”项目上。当时，为了尽快设计研发出这款改良型抽油机，年近70岁的顾心怿坚持深入生产一线收集资料。他经常在井架上爬上爬下，直让陪同的同事担惊受怕。2006年11月，通过孜孜不倦的学习、钻研，第一台长环形齿条抽油机试验样机终于建造完成，并在胜利采油厂投入试运行。

有一次，因设备材质出现问题，导致试验样机皮带滚筒损坏。为分析材质问题发生的原因，顾心怿坚持爬到十米高的抽油机顶部观察设备运行情况，并提出了设备结构改进思路。他并非不信任他人，而是多年的工作方式使他习惯了亲力亲为，在亲身实践中寻求科研灵感。也正是顾心怿身先士卒、精益求精的工作态度，保证了长环形齿条抽油机样机在反复改进中运转性能不断提升。

2008年11月，山东省科技厅组织国内知名石油机械行业专家对长环形齿条抽油机项目进行了技术鉴定。鉴定专家一致认为，长环形齿条抽油机不仅节能效果好、坚实可靠，且较其他抽油机负荷更大、抽吸更深，其结构形式属国际首创，技术水平在长冲程领域居国际领先地位！

此后，顾心怿又结合油田生产实际需求，对该抽油机进行了不断的调整、完善。十余年来，长环形齿条抽油机设备的推广应用，对我国石油勘探开发起到了重要的推进作用。

第十六章

淡泊名利

相传乾隆皇帝有一次下江南时，来到镇江的金山寺，看到山脚下大江东去，百舸争流，便随口问站在身边的一位老和尚：“你在这里住了几十年，可知道每天来来往往有多少只船？”老和尚回答说：“我只看到两只船。”乾隆皇帝一怔，问：“何为两只？”老和尚说“人生只有两只船。一只为名，一只为利。”

人活于世，难免会接触名利，但真正能看淡名利的却寥寥无几。而顾心怿便是其中之一。在油田设备工程领域知名度逐渐提高后，顾心怿面临的选择与诱惑越来越多，然而，他却始终坚持自己的名利观。尤其是在当选中国工程院院士后，他风趣地把自己定位为“草根”院士，也喜欢别人这样称呼自己。在他看来，自己出身贫寒、学历不高，长期扎根基层从事技术研发工作，用“草根”来形容自己最合适不过了。有一次，在接受中国香港《大公报》记者采访时，记者好奇地问他：“您在胜利油田工作了几十年，成为院士后依然不离开这里，您从来没想过去更高的平台发展吗？”顾心怿想了想，笑着说：“既然您之前称我为‘草根’院士，我想草就应该长在适合它生长的地方。倘若连根拔起，移至他处，成活率能有多少呢？”

为了能够创新发明更多适用于油田生产的技术装备，实现自己的科技梦想，顾心怿始终将学习与创造视为毕生追求，并不断挑战极限，努力超越自我。他不但注重加强理论学习，还坚持在实践中汲取知识，虚心向一线技术人员学习，又将所思所悟应用于实践，为胜利油田乃至国家石油行业创造了多项重大创新成果。

生活中，顾心怿对自己的要求近乎苛刻。不同于有些人在取得一点成就后便骄傲自满、不可一世，顾心怿对同事们始终关怀备至，自己却屡屡拒绝组织的特殊优待。因此，很多基层员工都十分信任他，乐于与他推心置腹。

随着接手的项目涉及经费越来越多，顾心怿面临的诱惑也越来越多。面临他人的“示好”，顾心怿时刻警醒自己决不能碰触共产党员的“红线”。相比于外界的名利诱惑，他更看重一名合格共产党员的名，维护好企业集体的利。

“胜利二号”工程建造期间，涉及资金达数千万元，其中，大部分都是在顾心怿的审批下支出的。他深知油田能够筹集如此巨额经费实属不易，因此，每一笔钱都要提前制定详细的预算计划，使用过程中精打细算，力求以更低的成本换取更大的效益。有人为了推销设备原材料，托人给顾心怿送礼、说情，可这些不讲原则、不按规矩办事的做法都被他一一回绝了。面对顾心怿不留情面的拒绝，有些人气急败坏，背地里说他“死心眼”“故作清高”。风言风语传到顾心怿耳中，他大都一笑置之，继续坚持自己的处事原则。

对于他的做法，有些人不以为然，揶揄他道：“钱又不是你自己的，何必‘抠’得这么不近人情呢？”顾心怿听后笑而不语。他认为钱虽然不是他个人的，但是既然自己掌握这笔经费的使用权，便不能有任何私念，更不能见利忘义、慷国家之慨笼络人心。自己一定要对承担的项目负责，否则便是害人害己，贻害无穷。

与技术伙伴开展合作的过程中，顾心怿常说：“人的贪念如同笼中之兽，一旦打开笼门，往往难以控制。别人怎样看待我、评价我并不重要，重要的是把油田的每一分钱用到实处。倘若我的‘抠’能在项目中见到效益，那么我的做法便是值得的，我也会一直坚持下去。”

不理解顾心怿的人，终究无法与他的精神境界同频。有些人认为他不仅在工作中“抠”得不近人情，在生活中也是节俭地令人不可思议。

有一次，单位司机跟随顾心怿外出，到了午饭时间，本以为能够陪同这位赫赫有名的院士享用一顿大餐。谁知顾心怿却带他去了一间路边小店，一人点了一碗面条便简单地解决了午饭。据司机回忆，他多次陪同领导、专家出行，还是头一次遇到如此俭省的情况。

“自修之道，莫难于养心，养心之难，又在慎独。”顾心怿常常回想起童年时期父亲为了节约公交车费选择步行回家的情形，后来经济条件越来越好，他便愈发珍惜来之不易的幸福生活。因此，因公外出时，他往往是能乘公交便不会乘出租，能坐火车便不会坐飞机。由于经常要前往北京出差，单位计划给顾心怿安排专车接送，而他通常会坚持乘坐长途公交车赴京。他算过一笔经济账，从东营去北京乘坐公交车和专车耗时差别不大，但是专车花费约 500 元，而乘坐公交车只要 100 多元就够了。

1993 年中秋节前夕，在山东临朐石油机械厂现场指导工作的顾心怿准备回家过节。机械厂领导准备派车送行。顾心怿听说后，担心给厂里添麻烦，也担心厂方会给他准备节日礼品，于是提前一天招呼也没打便悄悄乘坐长途汽车返回东营。当机械厂领导四处寻找他时，才通过电话联系得知顾心怿已经回到家中了。

即便在当选院士后，顾心怿仍没有改变为单位节省差旅支出的习惯。他出差时不坐头等舱、一等座，不住套房，坚持乘坐经济舱、二等座，住宾馆单间。他认为油田尽管家大业大，但人工开销方面依然面临很大的压力，自己作为一名共产党员，应该带头勤俭节约，在同事之间树立良好的榜样。何况，在经济舱、二等座上，自己同样可以开展各类工作，并没有因此耽误时间。

顾心怿想方设法为单位节省成本的事迹不胜枚举，成就、地位都不曾改变他勤俭节约的生活作风，而他也恰恰是在这种极简的生活方式中，获得了滋养与幸福。

科技成就的取得给顾心怿带来了远多于从前的机会，很多企业纷纷向他抛来橄榄枝。

20世纪80年代，顾心怿在一次赴美考察期间，遇到一位十分欣赏他杰出专业才能的美国朋友。他建议顾心怿留在美国公司工作，每年可以获得10万美元的丰厚报酬。相比于当时顾心怿在国内的收入，10万美元无疑是一个天文数字，然而这位美国朋友却低估了顾心怿的价值观。面临巨大的利益诱惑，他没有丝毫动摇，始终坚守为祖国石油行业开展科技创新工作的信念。而这份信念，足以使顾心怿抵挡任何诱惑。

在国内项目的利益分配方面，顾心怿也有自己的原则。他经常对身边的人说："我们不要一味看重个人利益，更要注重精神的培养。当年华北地区从华一井坚持勘探至华八井才终于见到工业油流，靠得不就是艰苦奋斗、不折不挠的奋斗精神吗？这种精神是在任何时候都不会过时的。"在成功研发链条式抽油机后，国家给他发放了5000元奖金，顾心怿作为项目的第一完成人，仅给自己留下了270元，其余的都分发给了其他参与研发工作的成员。此事之后，大家都对他心生钦佩。

后来成为院士后，有些私营企业负责人联系到顾心怿，邀请他开展一些小的技术发明，把发明成果转让给他们后再销往油田，并承诺给予顾心怿高额的报酬。这些邀请都被顾心怿一一婉拒了。

久而久之，大家都知道顾心怿为人刚正不阿，从不怕得罪人。有非分之想的人便逐渐少了许多。顾心怿的高风亮节也绝非徒有其名，他不但淡泊名利，在个人与集体利益发生冲突时，也往往会选择为集体着想、服从单位安排，时时刻刻展现出一名共产党员的无私情操和高尚品格。

20世纪八九十年代，随着住宅建设速度的加快，油田开始逐年为职工改善居住条件。许多二级单位根据实际情况，采取"以小换大、以高换低、以平房换楼房”等方式为职工解决住房问题。顾心怿所在的钻井工艺研究院组织分房时，屡次面临房源不足而职工人数过多的矛盾。尽管顾心怿也渴望让家人住进更好的房子，但是他从未因自己的成就、职务而向组织争取更好的住房条件，反而有几次主动将换房机会让给了需求更迫切的其他同事。

他常常提起油田还有许多生活困难的职工，认为“他们的生活远比自己艰难得多”。因此，他数次将自己获得的项目奖金、攒下的积蓄捐给油田困难职工、国家希望工程。他曾说：“我并非不在意名利，但是相比于功名利禄，我更在意自己的名誉，希望自己能做一个好人、一名合格的共产党员。”他始终牢记共产党员的担当与使命，克己奉公，艰苦奋斗，无私奉献，为国家石油事业奉献终身。

第十七章

家的阐释

1988年8月，正值“胜利二号”制造的关键时刻，顾心怿突然收到妹妹从上海寄来的信。信中写到，他们80岁的父亲因照顾长年患病在床的老母亲，累得病倒了，让顾心怿尽快回上海看望老人，以尽孝道。读完信后，顾心怿内心感到十分矛盾：回上海吧，眼下“胜利二号”正处在项目调适的紧要关头，作为总设计负责人，倘若在此时离开，整体工程进度势必受到严重影响；倘若不回，父亲病重，自己又如何对得起双亲的养育之恩？这些年顾心怿奔波在外，深知家中弟妹的辛苦付出，如今父母正是需要照顾之时，自己却远在他乡，这令他深感愧疚和自责。

反复权衡之后，顾心怿十分艰难地做出了决定：先加快完成目前急迫的生产指导工作，之后再回上海看望父母。钻井工艺研究院的领导很快得知了顾心怿家中的情况，他们十分理解顾心怿的复杂心情。为帮他解决后顾之忧，院领导安排两名职工赶赴上海，代替顾心怿探望两位老人，并帮助他们解决了一些生活困难。顾心怿因此愈发专注地投入到“胜利二号”的建造工作中。

其实，顾心怿何尝不想报答父母的养育之恩。自十多岁赴北京求学以来，他虽少有机会再回家乡，但心中对于家中亲人的牵挂却不曾消减。工作以后，他每月将至少一半的工资寄给父母和岳父母，仅留少量的钱作为自己和妻子、儿女的生活用度。早些年，经常遇到家中口粮不足的情况，他和妻子不得不向邻居借钱度日。20世纪90年代初期，顾心怿终于分到了比从前宽敞一些的住房，他便先后将岳父母、父母接到东营的家中悉心照顾。

父亲顾镜诗晚年因患脑积水住院，顾心怿便及时调整好工作安排，请假赶回上海，在医院忙前忙后，每日起早贪黑地照顾老人。他恪尽孝道、无微不至，陪父亲走过了生命的最后一程。母亲钱汝华晚年同样疾病缠身，意识时而清醒、时而模糊，躺在病床上不吃不喝。顾心怿得知母亲病重的消息后，第一时间协调好工作进度，心急火燎地赶回母亲身边，精心照料生活起居。母亲临终前连续昏迷一天一夜，待意识稍微清醒后，顾心怿仅仅握住母亲的手，在她耳边轻轻地说："妈，这些年来，我一直都按您的要求去做事。对得起自己，也对得起油田。"弥留之际的母亲听后没有说话，默默地流下了眼泪。

数十年来，顾心怿始终在尽力寻求事业与家庭之间的平衡。但每每遇到二者发生冲突的时候，他大多会选择优先处理好工作中的事务。因为在他心中，对国家、对油田忠诚，才是对父母最大的孝顺。

在胜利油田工作的几十年里，顾心怿几乎没有正式休过假期，也难得有时间陪伴妻子和孩子。他时常感到对家人有些亏欠。

有一次，妻子李巧云结石病复发，疼得几次休克。然而顾心怿参与指导的一个项目正处于施工的关键环节，许多技术问题需要他在现场亲自协调解决，分身乏术的他不得不将妻子送到医院后，请亲戚帮忙照顾，自己怀着对妻子的满心愧疚匆匆赶回作业现场。

对于子女，顾心怿也时常感到有所亏欠。大女儿顾秋红、大儿子顾小勇都出生于20世纪60年代，年幼时便经历了三年困难时期和"文化大革命"，当时家庭条件十分艰苦，而顾心怿又因为在外地忙于工作，不能时常陪伴在他们身边，他们的童年生活经历了许多艰辛。在顾小勇的记忆中，小时候的自己很少有机会与父亲单独交流，不是自己不想和父亲交流，而是父亲在家中的时间实在少得可怜。顾小勇记得，每天早上自己去上学时父亲已经上班去了，晚上放学回家，写完作业、吃完饭，直到准备睡觉时父亲还常常没有回家。

在顾小勇的印象中，父亲唯一一次参加自己的家长会是三年级的期末。这一天，顾心怿早早地来到教室，为能够听清楚老师讲的内容，他专门挑选了靠前的位置坐下。待老师公布学生成绩时，顾心怿才知道儿子学习成绩非常不理想，是全班倒数第五名。顾心怿感到很羞愧，便悄悄把座位换到了后排。顾小勇看到这一幕，脑袋一下子耷拉下来，感到无地自容。回到家中，顾小勇原以为父亲会生气地责骂他，然而当他战战兢兢地站在父亲面前准备接受训斥时，不想顾心怿却心平气和地对他说："学习成绩下滑了这么多，除了你自己贪玩、不用功的原因外，我也有责任，工作太忙，没有尽到父亲的职责。"听到父亲这样说，顾小勇感到愈发惭愧了。后来，顾心怿又继续鼓励他，要在学习中投入更多的精力，只有足够勤奋、努力，才能换取理想的学习成绩。听罢父亲的教导后，顾小勇知耻而后勇，学习越来越勤奋，在后来的一个学期里，他通过不懈的努力，取得了全班前几名的好成绩。

1984 年 6 月，顾小勇参加高考的前几天，平时难得能和儿子一起在家吃饭的顾心怿专程煮了一碗荷包蛋，他将这碗荷包蛋端给正在刻苦复习功课的顾小勇，耐心地嘱咐儿子要劳逸结合，考前不要有太大压力。由于整日忙于工作的顾心怿极少有时间做饭，看到父亲为自己端来的这碗荷包蛋，那一刻，顾小勇的眼睛湿润了，第一次感受到这份浓浓的父爱。后来，顾小勇没有辜负父母的期待，顺利考上西北大学物理系。

虽然对子女爱得深沉，但顾心怿并没有因此放弃自己的处事原则。顾小勇临近大学毕业时，胜利油田因顾心怿的突出贡献，提出要对顾小勇的工作"特别照顾"。一向公私分明的顾心怿放弃了这一优待，要求儿子根据单位需求分配到了专业对口的工作岗位上。后来，随着所取得成就的不断积累，顾心怿面临的诱惑越来越多。在一次国外工程验收时，一位美国公司的经理对顾心怿说："顾先生，把你的儿子送到美国来吧！我的父亲是美国的大学教授，可以帮你的儿子联系上学的事情，我也可以为他来美国提供担保。这对于你儿子的日后发展是一个很好的选择。”彼时，美国教育资源优势突出，很多年轻人为能前去留学费尽心思。有人主动提出帮助子女赴美留学，这对于很多人而言是求之不得的机会。而顾心怿却微笑着对这位美国经理说：“让孩子出国留学，开阔眼界、增长才干，这当然是好事。”他看到这位经理露出期待的表情，却话锋一转继续说道，“不过谢谢先生的美意，还是让我的儿子依靠自己的努力来争取机会吧。”这位经理听后一脸茫然，表示难以理解。他无法理解，顾心怿之所以拒绝他的邀请，是因为不想因个人私事拾人牙慧，以致在日后的公务合作中受到对方牵制，作出有损国家利益的事情。

贪欲之闸一旦打开，难免会永无止境。面对外界的种种诱惑，顾心怿知道，唯有稳得住心、沉得住气，才能心不妄动、行不逾矩。

顾心怿用自己的实际行动影响着家人。妻子和子女对于他为人处世的方式都十分理解，也支持他在事业中的投入和付出。数十年来，无论是子女结婚，还是父母离世，家人总是按照顾心怿要求的那样，各类仪式一切从简。他们不曾发出过一份请柬，也没有收取同事们的一份礼金，更不曾设宴招待。正因为此，胜利油田的广大职工对于顾心怿大都十分钦佩，不仅钦佩他在科技创新领域取得的一项项突出成就，更钦佩他的正直、勤勉，以及他严格的自我要求。

工作闲暇，顾心怿不喜欢打牌、下棋，唯一的爱好就是唱歌。在许多人的刻板印象中，整天与冷冰冰的机器打交道的科技工作者应该是一副板着面孔、眉头紧锁、冥思苦想的形象。然而，真正接触过顾心怿的人，大都能感受到他身上散发出的优雅的学者气质。

第十八章

桃李不言

时过境迁，胜利油田在经历了数次采油技术变革后，科技创新综合实力得到快速发展。自华八井发现至今，在昔日荒郊野外的盐碱滩上，东营逐渐发展成为集科技、经济、教育、文化、医疗、商贸为一体的现代化新型石油特色城市。胜利油田六十余年的发展，为中国能源安全和经济建设做出了重要贡献，这是几代石油人艰苦创业、默默奉献的结果，离不开科技创新强有力的支撑。

科技的发展离不开人才的培养，企业只有拥有高端科技人才队伍，才能实现可持续的发展。胜利油田进入开发中后期后，含水率越来越高，稳产难度越来越大。为此，油田坚持实施“科技兴油”战略，积极推动技术创新。在这一过程中，胜利油田一大批资深石油科技工作者不但在科研创新中发挥了中流砥柱作用，还甘为人梯，在培养后备科技人才队伍方面做出了突出贡献。

胜利油田积极开展“导师带徒”活动，旨在从各个领域持续培养青年技术精英和能工巧匠。2009 年 12 月 8 日，油田隆重举行第三届“名师带高徒”活动签约仪式。该活动是胜利油田实施技术大传承、力量大融合、科技大推进的有力举措，旨在通过资深专家的“传帮带”，继续为胜利油田培养优秀科技人才，增强油田可持续发展的科技后劲。胜利油田在全企业内聘请了十位曾取得突出成就的顶尖行业专家作为导师，他们都是油田各领域的领军人物，年过七旬的顾心怿位列其中。这并非顾心怿第一次参与“师带徒”活动，此前，他已经为胜利油田培养了三批共九位优秀的基层科研人才。此次，顾心怿作为导师代表在活动中作表态发言，他嗓音洪亮地表达了自己的肺腑之声。在认真总结分析胜利油田技术发展现状后，顾心怿继续对在场的年轻技术人员说道：“学习知识固然重要，但掌握解决问题的正确方法更为重要。年轻技术人员要始终保持虚心学习的态度，做人做事表里如一，有持之以恒的毅力、良好的团队协作精神，才能将所掌握的技术应用到生产实践中，推动油田的进步与发展。”

在胜利油田科研领域工作了数十年，顾心怿对于油田的人才储备状况十分熟悉。到了晚年，他一直致力于为企业培养更多具有突出科技创新能力的高端人才。他在“师带徒”活动中培养的年轻人，原本就是从油田基层精心挑选的技术骨干，在顾心怿的言传身教和悉心指导下，他们后来大都成长为所在单位的科技领军人物。

临盘采油厂工艺研究所高级工程师李淑芳曾是顾心怿的第五批签约弟子。当时，李淑芳在专业领域已经小有名气，拥有多项技术成果，但是，能成为顾院士的学生，还是令她激动不已。在“师带徒”活动之前，李淑芳便十分景仰这位中国工程院院士，虽然渴望得到他的指导，但这对她而言似乎是遥不可及的奢望。直到成为顾心怿的学生后，她才发现原来导师是如此的待人谦和、循循善诱，言谈举止间有着父辈的慈祥，因此愈发对顾院士深感钦佩。李淑芳在过去潜心钻研生产技术的过程中，曾遇到不少悬而未决的问题，如今拜师后终于有机会向顾心怿请教，她不愿意放弃任何一次与导师见面的机会。

2010年，李淑芳负责的“全方位长井段机械刮蜡器”项目推进过程中遇到阻力，顾心怿在了解了具体情况后，提出了两项重点建议：“刮蜡器倒角要大；收集应用井应用前后的示功图资料，比较前后载荷和图形位置的变化。”根据导师的建议，李淑芳耐心地对长井段机械刮蜡器结构进行了改进，采取了测试和有限元模拟措施，果然取得了突破性进展。最终，该项目顺利完成，主要成果成为油田结蜡油井低成本、环保治理过程中的规模应用产品，得到用户的普遍好评。

李淑芳在学习中善于举一反三，顾心怿提出的指导建议她一点就通，并且善于将从导师那里学到的经验、技术与自己的实际工作结合起来，攻克了生产实践中的多项技术难题，先后有多项技术革新成果在生产应用中取得了显著的经济效益。李淑芳也因此成长为油田青年技术专家、胜利油田劳动模范。

在后来开展的“科技手拉手”活动中，李淑芳又以老师的身份再带弟子，培养出了一批优秀的技术青年。她始终铭记导师顾心怿对自己的指导和启发，自己成为青年导师后，时时处处以顾心怿为榜样，专业技术倾囊相授，热心帮助采油厂新生技术骨干。

“桃李不言，下自成蹊”，顾心怿严谨的科研作风、因材施教的教学理念、谦虚谨慎的处事态度无不影响着他的弟子们。大家也都对他格外敬重。作为胜利油田的一名资深技术导师，顾心怿不仅传授弟子们系统的学习方法，还非常注重拓展他们的创新思路。每月一次的师徒见面会上，顾心怿都会热心地询问每位弟子工作中遇到的棘手问题，他充分发挥自己在科技领域经验丰富、站位高的优势，帮助弟子们打开思路，抓住本质分析问题、探寻解决思路。据他的弟子们回忆，顾心怿十分谦虚低调，经常对大家说：“油田各个技术领域差别很大，术业有专攻，很多方面我没有你们专业，仅能谈一点个人看法，供你们参考。”然而事实上，每次交流过程中，他都能给大家带来新的认识和思维方法。对于培养方案中确定的重点研究课题，顾心怿总是非常认真负责地跟进弟子们的研究进度，提供学术指导。他还经常将自己开展的科研攻关项目，毫无保留地分享出来，供大家探讨、学习，有时，还会亲自带领弟子们赴生产现场参观、实践。近距离亲身观察院士的科技成果研发进程，不但使大家学到了更多知识和技能，并且愈发感受到了顾心怿矢志不渝的创新创造精神。

东辛采油厂的马来增也曾是顾心怿通过“名师带高徒”活动培养

的技术人才之一。培养期间，他正在攻读在职博士学位，每当有师徒交流的机会，他都非常珍惜，见缝插针地向顾心怿请教问题。在马来增进行“玻璃钢管采油试验”课题研究期间，遇到了一个百思不得其解的技术难点，这令他如坐针毡，食不甘味。由于马来增的工作单位离顾心怿不远，因此，他想去导师那里请教一下。但是考虑到院士平日工作繁忙，他担心贸然前往会打扰导师工作，于是决定先打个电话征求一下导师的意见。令马来增没有想到的是，顾心怿非常爽快地答应了他的请求，热情地邀请他前去共同探讨问题。马来增连忙赶到顾心怿的办公室。经过一番研究后，顾心怿耐心地告诉他如何加强玻璃钢油管强度，从加碳纤维复合材料，到缠绕角度，给予了详细、具体的指导意见，令马来增茅塞顿开。

后来的一天，马来增听说导师因身体不适在青岛疗养院疗养，得知这一消息后他十分着急，于是，与顾心怿的秘书取得联系，准备前往青岛探望。没想到顾心怿得知这一消息后很快做出回复：“没事，不用来看，有时间我们再好好聊工作。你们在技术领域取得进步，就是对我最大的回报。”这令马来增不禁动容，自此更加勤奋努力地工作，刻苦开展技术研究，力争取得更多科研成果，以报答导师的知遇之恩。后来，马来增不仅圆满完成了顾心怿制定的培养计划，还在实际工作中针对玻璃钢管丝扣强度低，现场应用过程中管柱蠕动易造成丝扣失效的问题，在顾心怿的指导下，对扣型、丝扣材料添加剂进行了优化改进，从而大幅提高了丝扣的抗滑性能和负载能力。后来，马来增取得的科研成果越来越丰富，并因此获得了多项荣誉。

顾心怿就是这样耐心地帮助着一批又一批年轻的技术骨干。他说，每当看到这一张张年轻的面孔，总会不禁回忆起曾经的自己，那时候，自己也是这般求知若渴，希望在关键时刻能够得到前辈的点拨和指导。时光匆匆流逝，自己一路摸爬滚打走来，遇到许多困境，也得到过许多帮助，如今，面对这些年轻一代的科技人员，他们是油田的未来，自己没有理由不尽力帮助他们。在顾心怿无私的带动下，越来越多年轻科技人员在胜利油田崭露头角。他先后为胜利油田培养了六位博士、一位硕士，以及多位技术骨干。

在企业之外，顾心怿还先后被中国海洋大学、天津大学、大连理工大学、中国石油大学(华东)、济南大学等高等院校聘为兼职教授、兼职博士生导师，并被聘为上海交通大学海洋工程国家重点实验室学术委员会委员。即便日常工作已经非常忙碌，但每次到高校授课前，顾心怿都专门抽出时间准备授课内容、制作课件，即便是义务讲学，他也不曾有一丝应付。顾心怿授课内容丰富、深入浅出，得到高校师生的广泛好评，经常在他讲课结束后，大家还围着他请教科研问题。每每此时，顾心怿便会知无不言地认真解答。他襟怀坦荡、精益求精的治学品质，深受大家的爱戴和尊崇。

在他看来，在高校讲课有助于将自己在实践中积累的经验与先进理论深度融合，对于推动科研创新发展，培养年轻的优秀科研人才具有重要意义，而这恰恰是他在晚年的工作中最为关注的。

顾心怿就是这样将一生奉献给了祖国石油科技事业，不仅为胜利油田创造了巨大的物质财富，更以其严谨、务实的科学精神影响和带动了一大批年轻的科技工作者。

第十九章

本色不改

年年春华秋实，岁月寂静无声，谁也无法阻挡时光的脚步。2018 年 9 月，年过八旬的顾心怿正式退休。然而这对于他而言，只不过是一种形式的变化，对于科研工作的热情未曾有丝毫消减。单位领导考虑到顾心怿的办公室中还保存着他时常要查阅的大量资料，为了给他提供一个安静的办公环境，便专门给退休后的顾心怿预留了一间办公室。只要没有特殊情况，顾心怿每天都会去办公室查阅资料、绘制图纸，继续着自己的科技研发工作。办公室里偶尔还会响起一些技术求援的电话铃声，他依然忙忙碌碌，全然不像一位退休的老人。

始终保持科学而规律的生活、工作状态，让顾心怿看起来比同龄人年轻许多，他的脸庞始终显露出快乐、健康的光泽。

八十岁高龄的顾心怿依然保持热爱科研的本色不改，他没有满足于已经取得的科技成果，而是继续不断挑战极限，超越自我，在科技创新的征途中，呕心沥血、劈波斩浪，不断跨越新的高峰。

针对西北地区深井采油的技术需求，顾心怿着手研制大功率齿条抽油机设备。对他而言，这是极富挑战性的一次尝试。为了开展好现场应用试验，获取一手资料，八十岁高龄的顾心怿坚持一次次往返于东营与新疆之间。根据航空公司规定，高龄乘客需出具医院和单位的相关证明后方可购买机票，顾心怿不想给单位添麻烦，便改乘火车，一路颠簸四千多公里才能到达目的地，其中的辛苦可想而知。有时候，为了持续观察油井参数变化，他要在油田现场住一两个月。大漠风沙弥漫，气候异常炎热，而顾心怿却时常为了测试设备运转情况而忘记了身体的劳累。

大功率齿条抽油机的研制，解决了大泵提液问题，使油水快速提出，有效提升了设备工作效率，降低了原油生产成本，在应对低油价的过程中发挥了显著的技术优势，在油气勘探开发领域具有广阔的应用前景。正是顾心怿无论在如何艰苦的自然环境和工作条件下，都能坚持独立思考、积极探索的精神，为一项项创新技术的发明打下了坚实的基础，也展现了他作为一名科级工作者积极探索与创新的本色。

随着年岁逐渐增长，顾心怿时常回忆起自己在京求学的经历，不禁怀念那段艰苦而催人奋进的青葱岁月。2006 年，他和十余位昔日的老同学相约北京，共同度过了一次感念昔日校园生活的怀旧之旅。

当十几位满头华发的老人欣喜地相聚北京时，他们的兴奋之情难以言表。一路找到当年上学的地址后，眼前的环境已经变化得让他们认不出来了——五十年过去了，这里的变化实在太大，曾经“中央人民政府燃料工业部俄干学校”的牌子如今已换为中国传媒大学的名牌。他们四顾茫然，徘徊在学校门口，迟迟不敢跨进大门。

学校门卫看到门前这些年迈的老人后感到奇怪，待上前问明情况后，马上请示了学校领导。校领导得知他们的情况后，非常热情地接待了他们，亲自带领他们参观校园，并详细介绍了学校数十年来的建设和发展情况。虽然学校早已没有了往日的模样，所设专业也发生了很大的变化，但顾心怿仍在草木之间感受到了往日的气息。这里的每一颗大树，都曾为他们遮风挡雨；这里的每一寸土地，都曾留下他们的青春足迹。他仿佛还能依稀听见当年同学们的琅琅读书声，看到彼此当初青涩的模样，以及在学校走廊上一遍遍背诵俄语单词的场景……曾经，学校培养了他们，数十年来，他们也在各自的工作岗位上无愧无悔地回馈了社会。

一滴水，只有汇入大海中，才能激起惊人的浪花；一个人，只有投入伟大的事业中，才能创造出崇高的价值。这是顾心怿始终笃信的信条。他认为，个人的力量是有限的，自己一路走来取得的每一项科技成果，都离不开领导的支持，离不开团队成员的密切合作。

年轻时，顾心怿曾许下不会离开胜利油田的诺言，几十年白驹过隙，无论岁月如何变迁，他始终信守承诺。或许，儿时母亲讲给他的关于诚信的故事早已烙进生命深处。春华秋实，岁月更替，他始终不曾辜负脚下胜利油田的这片土地。深耕于斯，他为胜利油田创造了显著的经济效益，为社会创造了令人瞩目的科技成果，为国家能源建设做出了卓越的贡献。

夜深人静之时，顾心怿时常抬头望向窗外，夜晚的天空中满天繁星，晚风习习，沁人心脾。回忆起这一生走过的漫长而艰辛的求索之路，无论崎岖坎坷，还是春风得意，在人生关键的几个转折点，他都坚定地选择了自己的方向，一步一个脚印扎扎实实地走了下去，终于堂堂正正地走出了属于自己，同时也属于油田科技创新的康庄大道。

黄河口的风，似乎也没有从前那么大了。日渐丰富的植被将东营这座石油城市装点得摇曳多姿。宽阔的街道两旁，花团锦簇，绿树成荫。眼前的东营已全然不见昔日盐碱滩上荒凉之地的痕迹。顾心怿从家中走向办公室的途中，时常会放缓脚步，抬头望一望前方，路边矗立的宣传语显得格外醒目：从创业走向创新，从胜利走向胜利。每每此时，便有一股暖流涌上心头。

附录一　顾心怿大事年表

1937年1月23日，生于上海市。

1947—1950年，就读于上海市敬业中学。

1950—1953年，就读于上海中华职业学校石油机械科。

1953—1956年8月，就读于燃料工业部俄干学校俄语专修科。

1955年，加入中国共产党。

1956年8月—1957年8月，于玉门油田及华北石油勘探处任苏联专家翻译。

1957年8月—1961年2月，于华北石油勘探处及勘探处机修厂任机械技术员，同时就读于山东工学院夜大机械制造专业。

1961年2月—1964年9月，任东营试采指挥部机厂技术组组长。其间，设计出简易取芯工具。

1964年3月，晋升为机械工程师。

1964年9月—1965年9月，任胜利油田试采指挥部机动组组长。

1966年10月—1972年3月，任胜利油田采油指挥部攻关队队长、生产组副组长。

1969年，参与中国专家小组应邀技术援助阿尔巴尼亚，完成了大直径取芯工具的国际合作研发任务。

1972年3月—1973年6月，于胜利油田科技处负责科研及情报管理工作。

自1973年6月起，先后任胜利油田勘探开发工艺研究所(后改为钻井工艺研究院)矿机研究室主任、副所长、副院长、总工程师等职务。期间，任第九届全国政协委员会委员。

1975年，全面完成链条式抽油机的设计研发工作。

1978年，作为主要负责人研制的“胜利一号”浅海坐底式钻井平台建成下水。

1982年7月，晋升为高级工程师。

1984年，赴日本、美国考察学习。

1985年，赴意大利参与购买“胜利四号”海上钻井平台。

1988年，作为主要负责人研制的“胜利二号”海上钻井平台建成下水。

1988年，作为党员代表参加中国共产党山东省第五次代表大会。

1989年，赴美国考察学习，开展技术交流。

1989年9月，晋升为教授级高级工程师。

1995年5月，当选为中国工程院院士。

1996年，参加中央组织部举办的全国优秀技术专家及党员学习培训班。

1998年，作为党员代表参加中国共产党山东省第七次代表大会。

1998年，当选为中国人民政治协商会议第九届全国委员会委员。

2003年，当选为中国人民政治协商会议第十届全国委员会委员。

2006年8月，任胜利油田首席高级专家。

2018年9月，退休。

附录二　顾心怿所获主要荣誉

1959年，被评为“山东省青年社会主义建设积极分子”。

1962年，被评为“华东石油勘探局先进工作者”。

1962年，被评为“上海市工业先进工作者”。

1963—1966年，被评为“东营会战指挥部劳动模范”。

1978—2005年，先后被评为胜利油田劳动模范、特等劳动模范、双文明标兵等。

1978年，获得全国科学大会奖。

1980年，获得国家发明奖二等奖。

1984年，被评为“山东省劳动模范”。

1985年，获得全国“五一”劳动奖章(第一批)。

1987年，获得国家科技进步奖三等奖。

1988年，被评为“国家中青年科技专家”。

1989年，被评为“全国劳动模范”。

1990年，获得第二届国际专利及新技术新产品展览会金奖。

1991年，获得中国专利奖金奖。

1991年，获得国务院颁发的政府特殊津贴。

1991年，被评为“石油工业突出贡献科技专家”。

1993年，被评为中国石油天然气总公司“突出贡献科技工作者”。

1994年，被评为“石油工业特等劳动模范”。

1995 年，获得中国专利奖金奖。

1995 年，被评为中国石油天然气总公司“杰出科技工作者”。

1996 年，获得国家发明奖二等奖。

1996 年，被评选为全国重点宣传的坚持和工人、和生产实践相结合，把科技成果转化为现实生产力的十名优秀科技工作者之一。

1999 年，获得何梁何利基金技术科学奖。

2003 年，获得山东省科学技术最高奖。

1999—2005 年，连续 7 年被评为胜利油田“优秀共产党员”。

1991—2004 年，连续 14 年被评为山东省“优秀共产党员”。

2004 年，获得国家发明奖二等奖。

2004 年，被评为山东省“共产党员标兵”。

2006 年，被评为中国石化“优秀共产党员”。

2008 年，被评为胜利油田“优秀博士后导师”。

附录三 顾心怿主要学术代表作目录

序号	题目	出处	发表时间(年)
1	链条抽油机的试验和研究	【中国会议】中国石油学会采油工艺技术座谈会	1981
2	既要学更要创——对发展我国石油钻采机械合理途径的点滴看法	【期刊】石油钻采机械	1982
3	关于浅海海滩装备研制工作的一些看法	【中国会议】中国石油和石油设备研究会年会	1987
4	我国现有坐式钻井船的设计特点及其在浅海作业的适应性	【期刊】中国海洋平台	1988
5	胜利油田极浅海石油勘探开发与海洋平台	【期刊】中国海洋平台	1989
6	“胜利二号”钻井平台从设想到实现	【期刊】中国海洋平台	1989
7	“胜利二号”钻井平台的总体设计与性能研究	【期刊】海洋工程	1990
8	我国潮滩区油气资源开发的若干问题	【期刊】中国海洋平台	1990
9	走又红又专的道路	【期刊】科学社会主义	1992
10	“胜利二号”步行坐底式钻井平台	【期刊】中国海洋平台	1994
11	“胜利二号”步行坐底式钻井平台	【中国会议】全国海洋工程会议	1994
12	The Bottom Supported Walking Drilling Rig	【国际会议】国际海洋技术会议	1994

续表

序号	题目	出处	发表时间(年)
13	液压蓄能修井机——更新换代的一种	【中国会议】石油科技信息交流会	1995
14	胜利油田石油生产和节能工作	【中国会议】上海科学院节能交流会	1997
15	用有限差分法计算变截面横向受载的桩身位移和内力	【期刊】中国海洋平台	1997
16	工程师应具备的素质	【期刊】中国工程师	1997
17	坐底式装置的抗滑性	【中国会议】全国海洋工程学会、全国造船工程学会年会	1998
18	海上钢筋混凝土先导试验平台的研究设计	【中国会议】中国石油石化工程研究会华东研究中心第一届年会	1998
19	渤海湾极浅海运输驳船和推进系统中意联合研究和基本设计报告	【专著】中国钻探科学技术史	1999
20	节能型 XXJ300/500 液压蓄能修井机	【期刊】石油机械	2001
21	XXJ300/500 液压蓄能修井机液压系统设计分析	【期刊】液压与气动	2001
22	蓄能器类型及应用综述	【期刊】机床与液压	2001
23	XXJ300/500 液压蓄能修井机管柱起升速度特性分析	【期刊】石油大学学报(自然科学版)	2002
24	XXJ300/500 型液压蓄能修井机管柱起升稳态速度分析	【期刊】石油矿场机械	2003
25	具有节能和环保优势的液压蓄能修井机	【期刊】石油机械	2003

续表

序号	题目	出处	发表时间(年)
26	一种新型液压蓄能石油钻机设计	【期刊】天然气工业	2004
27	有杆泵井管杆磨蚀机理及应用研究	【期刊】石油矿场机械	2004
28	油井管杆磨蚀试验研究	【期刊】青岛理工大学学报	2005
29	我的成长经历与创新之路	【期刊】江苏工业学院学报(社会科学版)	2008
30	长环形齿条抽油机的研制及应用	【期刊】石油机械	2009
31	石油相伴追梦人	【报纸】经济日报	2009

后　记

对于采访这样一位高级知识分子、石油领域的科学家，我本心怀忐忑。说实话，从事文字工作这么多年来，这是我第一次接手如此长篇幅的写作任务。自己对于这位油田资深技术专家、中国工程院院士的了解，也仅限于通过电视、报刊等部分新闻媒体，了解他与油田钻井平台的一些关系。我原本就是一个喜欢长话短说的人，之前写作并发表的单篇作品，最长也不过三万字，何况这次采写还会受到许多专业知识的牵制。因此，最初在面对这样一项重要写作任务时，我曾对自己能否顺利完成产生过怀疑。

2016 年 2 月，我在北京开会接受任务回山东后，由于前期工作安排紧张，实际进入采访阶段已经到 7 月份了。面对面接触顾院士时，他留给我的第一印象是没想到这样一位八十多岁的老人依然精神矍铄，红光满面，并且还仍然奉献在工作岗位上。考虑到院士年事已高，初次见面只短暂交流了两个多小时，但我依然对他谈吐优雅、行事低调的形象印象深刻。当时，顾院士表示不久后要去青岛，过一段时间还要到新疆开展一项科研试验，然后去北京参加院士聚会……频繁的社会活动将他的日程安排得满满当当。

交谈过程中不难发现，顾院士内心并不乐于为自己树碑立传，曾经有出版社想为他出版传记，都被婉言谢绝了。他认为事业不是哪一个人能做成的，成绩不只属于他一个人。虽然这次采写是中国石化宣传工作部安排的任务，有胜利油田相关领导协调，但在前前后后的六七次访谈过程中，还是遇到了一定的困难。有时，顾院士对一些往事闪烁其词，不太愿意谈及细节和深度描述，我曾一度进入采访盲区。

于是只好从外围采访入手。特别要感谢顾心怿院士的秘书高合明，院士的长子顾小勇，胜利油田钻井工艺研究院原副院长孙东昌及政工干部李广军、潘恩生、张新龙，东辛采油厂刘新路、马来增，临盘采油厂李淑芳等同志，他们提供了许多有价值的采访线索和写作素材，以及集输公司崔成同志为院士补拍了照片。还要特别感谢中国工程院赵千、郑召霞、葛能全、方鹤亭，中国石化出版社宋春则、赵文等同志提出了宝贵的修改意见，否则，要完成这样一项艰巨的写作任务，的确不可想象。

我工作在远离胜利油田东营基地的一隅，到东营往返一趟约400公里的路途。由于自己视力的原因，基本停止了晚间写作的习惯；除保证日常工作的正常开展外，还得排除琐碎杂事的干扰；在采访过程中，需要克服距离上带来的不便及衔接配合等方面的困难。加之写作过程中，几乎要放弃所有文学创作手法，刻意回避状物抒情等文学表现形式，以完全写实的风格来完成这样一项人物传记采写任务，这对我而言，的确是一项前所未有的挑战。而真正让我摒弃顾虑的，是顾心怿院士崇高的品德和人格魅力。这份魅力打动了我，感染了我。在与他几次短暂的接触过程中，不知不觉被他的科技情怀所感动，对他严谨的治学精神和一丝不苟的工作态度深感景仰。顾院士的格局完全是以他朴素的劳作和崇高的事业所塑造。我没有理由不竭尽所能地呈现顾院士人生的辉煌历程和高光时刻。

在《顾心怿传》初稿基本完成时，我先后几次交给顾院士审阅，他总会字斟句酌地修改，凡与事实有出入的文字，与时间节点不相符的细节，模棱两可的内容，或稍微夸大了个人作用的描写，他都要一一删改。这部传记本来在2017年上半年，已经完成了初稿，之所以延迟至今出版，除了草稿几经辗转中国工程院和中国石化出版社审阅，以及近些年顾院士的妻子身患重症住院，他需要照顾病人而没有时间和精力审阅稿件外，其余，就是作者的主观性原因导致延缓。

没有一个人物的成长，不需要历史背景作为“衬底”。从顾心怿院士学习成长和创新创造的过程，可以窥见胜利油田勘探建设的发展史。从他在石油科研领域的奋斗史，也可以看到胜利油田科技发展史的缩影。我力图以这一时间线索为背景，以院士学习成长及重大科技创新成果节点为主线，努力呈现主人公的成长发展脉络及奋斗轨迹，展现其在岁月变幻中，所持续迸发出的科技精神，并探究其背后的动因。由于自己掌握的素材所限，功力不济，或许并没有达到理想的表现状态。但相信读者会理解作者的真诚和良苦用心——以粗浅的文字致敬一位不倦的奋斗者！